低碳发展绿皮书

· 中国农业科学院智库报告
· 中国农业发展战略研究院智库报告

中国农业农村低碳发展报告

（2025）

REPORT ON LOW-CARBON AGRICULTURAL AND
RURAL DEVELOPMENT IN CHINA (2025)

中国农业科学院农业农村碳达峰碳中和研究中心
中国农业科学院农业环境与可持续发展研究所　编著
农业农村部农业农村生态环境重点实验室

 中国农业科学技术出版社

图书在版编目(CIP)数据

中国农业农村低碳发展报告.2025／中国农业科学院农业农村碳达峰碳中和研究中心，中国农业科学院农业环境与可持续发展研究所，农业农村部农业农村生态环境重点实验室编著.--北京：中国农业科学技术出版社，2025.5.--（低碳发展绿皮书）.--ISBN 978-7-5116-7040-3

Ⅰ.F323

中国国家版本馆 CIP 数据核字第 2024XT9270 号

审图号：GS 京（2025）0630 号

责任编辑　申　艳
责任校对　王　彦
责任印制　姜义伟　王思文

出 版 者	中国农业科学技术出版社
	北京市中关村南大街 12 号　　邮编：100081
电　　话	（010）82103898（编辑室）　　（010）82106624（发行部）
	（010）82109709（读者服务部）
网　　址	https://castp.caas.cn
经 销 者	各地新华书店
印 刷 者	中煤(北京)印务有限公司
开　　本	170 mm×240 mm　1/16
印　　张	13.5　彩插　1 面
字　　数	200 千字
版　　次	2025 年 5 月第 1 版　2025 年 5 月第 1 次印刷
定　　价	98.00 元

◆◆◆ 版权所有·翻印必究 ◆◆◆

本书得到中国农业科学院科技创新工程、中国工程院战略咨询项目和中央级公益性科研院所基本科研业务费专项资助，特此致谢！

指导委员会

顾　　问：吴孔明　杨振海
主　　任：叶玉江
成　　员：梅旭荣　赵立欣　李新海　孟海波　林克剑　胡向东

编著委员会

主　　编：梅旭荣
副 主 编：赵立欣　郝志强　郝卫平　高清竹　陆美芳　姚宗路
执行主编：高清竹　马　欣
编著人员：（按姓氏笔画排序）

丁　勇　于昭洋　马　宁　马　芬　王　斌　王靖轩
冯　晶　朱志平　刘　刈　刘　丽　刘　园　刘　静
刘家良　刘赟青　许建军　李　虎　李　阔　李迎春
李奇辰　张成林　张晴雯　苗田田　罗　娟　罗良国
郑　莹　郑建丽　赵明月　秦晓波　贾吉秀　夏　旭
晁祎楠　展晓莹　黄雪良　常　春　常乃杰　康佳浩
韩　雪　韩欣怡　蔡岸冬　潘慧晶　燕　燕　霍丽丽
魏　莎

前　言

党的二十届三中全会明确要求聚焦建设美丽中国，加快经济社会发展全面绿色转型，推进生态优先、节约集约、绿色低碳发展，健全绿色低碳发展机制，建立碳排放统计核算体系、产品碳标识认证制度、产品碳足迹管理体系，积极稳妥推进碳达峰碳中和目标的实现。农业农村作为经济社会发展的"基石"和"压舱石"，扎实推进绿色低碳既是深入贯彻落实碳达峰碳中和重大决策部署的内在要求，也是全面推进乡村振兴、建设农业强国的必然选择。

自《农业农村减排固碳实施方案》发布以来，我国农业农村减排固碳工作有序推进，生态低碳农业稳步发展，减排固碳科技创新快速发展，农产品碳足迹核算体系不断完善，低碳发展新模式不断涌现，农业农村低碳发展取得明显成效。在中国农业科学院的领导和支持下，中国农业科学院农业农村碳达峰碳中和研究中心牵头开展专题研究，基于中国农业科学院碳达峰碳中和研究中心、农业农村长期因子综合观测农业生态数据服务高地、农业农村部农业环境野外科学观测研究数据中心数据，采用联合国政府间气变化专门委员会（IPCC）温室气体排放清单优良作法指南和农产品全生命周期碳排放核算方法等，组织编写了《中国农业农村低碳发展报告（2025）》，综合评估了我国生态低碳农业的发展水平，总结了农业农村减排固碳行动的进展，分析了农业低碳科技的发展态势，筛选了一批农业农村低碳发展的典型案例，旨在为相关部门决策者、领域专家学者以及广大读者提供借鉴与参考。

编　者

2025 年 4 月

目　　录

第一章　生态低碳农业发展综合评价 ……………………………… 1

一、生态低碳农业发展综合评价指标体系 ……………………… 2
　　（一）内涵与特征 …………………………………………… 2
　　（二）指标体系构建 ………………………………………… 5
　　（三）指标赋值方法 ………………………………………… 10
二、生态低碳农业发展 …………………………………………… 12
　　（一）我国省级生态低碳农业发展水平分析 …………… 12
　　（二）农业低碳发展主导因素解析 ……………………… 24
三、行动建议 ……………………………………………………… 29
　　（一）面临的挑战 ………………………………………… 30
　　（二）行动措施 …………………………………………… 31
参考文献 …………………………………………………………… 32

第二章　2024 年农业农村减排固碳政策和成效 ………………… 34

一、种植业节能减排 ……………………………………………… 35
　　（一）国家和省市政策措施 ……………………………… 35
　　（二）行动与成效 ………………………………………… 38
　　（三）小结 ………………………………………………… 41
二、畜牧业减排降碳 ……………………………………………… 42
　　（一）国家和省市政策措施 ……………………………… 42
　　（二）行动与成效 ………………………………………… 45
　　（三）小结 ………………………………………………… 47
三、渔业减排增汇 ………………………………………………… 47
　　（一）国家和省市政策措施 ……………………………… 47

（二）行动与成效 ……………………………………………48
　　（三）小结 ………………………………………………………49
四、农田和草地固碳扩容 …………………………………………50
　　（一）国家省市政策措施 ……………………………………50
　　（二）行动与成效 ……………………………………………51
　　（三）小结 ………………………………………………………56
五、农机节能减排 ……………………………………………………57
　　（一）国家和省市政策措施 …………………………………57
　　（二）行动与成效 ……………………………………………58
　　（三）小结 ………………………………………………………63
六、可再生能源替代 …………………………………………………63
　　（一）国家和省市政策措施 …………………………………63
　　（二）行动与成效 ……………………………………………65
　　（三）小结 ………………………………………………………69
七、适应气候变化 ……………………………………………………69
　　（一）国家和省市政策措施 …………………………………69
　　（二）行动与成效 ……………………………………………71
　　（三）小结 ………………………………………………………75

第三章　农业低碳科技创新进展 …………………………………77

一、农业减排科技 ……………………………………………………77
　　（一）国际前沿 ………………………………………………78
　　（二）减排技术突破与发展 …………………………………83
二、农业固碳科技 ……………………………………………………88
　　（一）国际前沿 ………………………………………………88
　　（二）固碳技术突破与发展 …………………………………91
三、气候变化影响与农业适应科技 ………………………………94
　　（一）国际前沿 ………………………………………………94
　　（二）适应技术突破与发展 …………………………………97

四、宏观政策研究 ··· 99
　　（一）财税政策 ··· 100
　　（二）金融政策 ··· 101
　　（三）碳交易政策 ··· 102
参考文献 ··· 108

第四章　碳足迹核算与评价 ····································· 120

一、种植农产品 ··· 120
　　（一）研究方法 ··· 120
　　（二）玉米碳足迹 ··· 122
　　（三）油菜碳足迹 ··· 127
　　（四）柑橘碳足迹 ··· 132

二、养殖农产品 ··· 137
　　（一）研究方法 ··· 137
　　（二）鸡蛋碳足迹 ··· 140
　　（三）国际比较 ··· 143
　　（四）结论 ··· 145

参考文献 ··· 145

第五章　典型案例 ··· 149

一、高产低碳水稻种植技术 ··· 150
　　（一）基本情况 ··· 150
　　（二）主要做法 ··· 151
　　（三）主要成效 ··· 154
　　（四）案例总结 ··· 155

二、秸秆资源化能源化减排固碳模式 ································· 156
　　（一）基本情况 ··· 156
　　（二）主要做法 ··· 157
　　（三）主要成效 ··· 162
　　（四）案例总结 ··· 165

三、MAP 绿色低碳模式 ································ 165
（一）基本情况 ································ 165
（二）主要做法 ································ 166
（三）主要成效 ································ 169
（四）案例总结 ································ 170

四、奶牛养殖场低碳养殖实践 ························ 171
（一）基本情况 ································ 171
（二）主要做法 ································ 171
（三）主要成效 ································ 174
（四）案例总结 ································ 175

五、秸秆生物炭转化炭基肥还田固碳模式 ·············· 175
（一）基本情况 ································ 175
（二）主要做法 ································ 176
（三）主要成效 ································ 179
（四）案例总结 ································ 179

六、零碳村镇典型案例 ······························ 180
（一）基本情况 ································ 180
（二）主要做法 ································ 180
（三）主要成效 ································ 183
（四）案例总结 ································ 184

附件：国家和省市主要政策措施清单 ·················· 185

第一章 生态低碳农业发展综合评价

本章摘要

发展生态低碳农业是新时代生态文明建设的重要内容，是农业强国的重要发展方向。通过构建生态低碳农业发展水平评价指标体系，对2016—2022年我国31个省（区、市）（不包括香港、澳门和台湾）及东、中、西部3个地区开展评价研究。①我国生态低碳农业呈稳中有进发展格局，总体目标实现度83.3%。我国正处于从传统生产模式向可持续发展转型升级攻坚期，2016—2022年我国生态低碳农业呈整体上升趋势（$R^2 = 0.8891$），目标实现度年均增速0.65%；我国生态低碳农业发展存在结构性差异，稳产保供与资源利用、经济增长与生态承载力尚未形成协调共生的良性循环，制约生态低碳整体效能；区域发展不均衡，中部和东部地区发展较快，综合目标实现度分别达到84.3%和84.0%，西部地区虽发展较慢但展现出强劲的增长潜力。②城镇化率和农业发展水平是影响生态低碳农业发展最重要的因素。东部地区城镇化率高，稳产保供能力差，碳排放强度高；中部地区稳产保供表现优异但农民耕作压力大，资源利用和生态服务功能较差；西部地区农业用地技术效率较低，低碳发展和经济发展较弱。

总体上看，生态低碳农业科学监测体系尚未建立、低碳农业技术支撑不足、参与主体单一且能动性不高等问题，已成为制约我国生态低碳农业发展的重要瓶颈。为此，建议加强顶层设计，分区分类推动生态低碳农业发展；加快构建"五位一体"的生态低碳农业监测体系和核算体系；加大以减排增汇技术协同、装备协同、模式协同和核算方法协同为导向的生态低碳农业科技创新，加速农业发展向生态低碳转型；完善政策机制，引导多元主体共同参与生态低碳农业建设。

一、生态低碳农业发展综合评价指标体系[①]

（一）内涵与特征

1. 内涵

继 2022 年中央农村工作会议上首次提出"发展生态低碳"之后，国内部分专家学者从不同角度阐释生态低碳农业的内涵和特征。刘趁（2023）认为发展生态低碳农业，要深刻把握资源节约、环境友好、循环利用、低碳排放、高标准生产等内涵要求，做好推进农业资源利用节约化、推进农业投入品减量化、推进农业废弃物资源化、推进产业模式生态化、推进生产链条绿色化 5 个方面的工作。发展生态低碳农业，一方面，应以保障国家粮食安全和食品可持续供给为前提，实现高能效、低能耗和低碳排放的农业发展模式；另一方面，要以节能、减排为主要目标，以节约资源和保护生态环境为前提，尽可能减少能源消耗和温室气体排放，同时实现农业增产与提质增效（李丽颖，2023）。生态低碳农业是低碳经济的重要组成部分，是打造新时期农业经济系统和生态系统耦合发展的基础。生态低碳农业从依靠化石能源向依靠太阳能等方向转变，追求低耗、低排、低污和碳汇，使低碳生产、安全保障、气候调节、生态涵养、休闲体验、文化传承等多功能特性得到充分发挥，推动乡村振兴与经济社会可持续发展，实现"绿""富"共赢（翁伯琦，2023）。"生态农业"意味着不仅要减少污染排放，而且要维持农田生态系统的生物多样性；低碳则是要减少与农业生产相关的温室气体排放，提高农业的气候韧性（苏宇芳，2023）。生态低碳农业的特征可概括为"五化"，分别是农业资源利用集约化、农业投入品减量化、产业模式生态化、温室气体减排化和农业废弃物资源化（郑兆峰等，2024）。

[①] 执笔人：郑莹。

作为农业强国建设的"中国特色"之一，发展生态低碳农业的基本目标是要做到与建设农业强国的其他目标协调统一。对标农业强国建设的供给保障强、扎实推进共同富裕等目标要求，中国发展生态低碳农业不仅要求减排固碳、保护和改善农业生态环境、降低自然资源消耗和污染，还要提高农业生产效率和经济效益。发展生态低碳农业以实现生态效益、社会效益和经济效益的同步提升为目标，以保护和缓解资源和环境约束、改善农业生态环境、增强减排固碳能力为主要抓手，是对传统农业生产方式的深刻变革（李玲玥，2024）。生态低碳农业是指在"绿水青山就是金山银山"的绿色发展和可持续发展理念指导下，立足我国人多地少、人均资源不足的国情农情，以国家粮食和重要农产品稳定安全供给为前提，深入推进资源利用节约化、农业投入减量化、废弃物循环利用化、产地环境生态化、生产生活低碳化，通过产业调整、技术创新、可再生利用、制度创设与机制创新等手段，实现农业农村低碳化、生态化，生态低碳红利变产业效益和农民收入，走同资源承载力和生态环境容量相匹配、生产生活生态相协调的高能效、低能耗和低排放的农业可持续发展道路。

2. 特征

资源利用节约化。发展生态低碳农业，要依靠农业科技进步，实现农业资源保护和节约利用。加快高标准农田建设，实施保护性耕作并建立土壤养护机制，因地制宜完善耕地轮作休耕制度，加强退化耕地治理修复，有效提高耕地产能（姬超等，2024）。提高水资源利用效率，建立节约高效的农业用水制度，加大地下水超采治理力度，在适宜地区积极发展高效旱作农业与山地循环农业。加强农田生物多样性保护，重视保护重要物种和栖息地（郑学明，2024）。

农业投入减量化。发展生态低碳农业，要求推广施肥新技术、肥料新产品、施用新机具，推进病虫害绿色防控和专业化统防统治，通过源头减量、高效利用，优化农业产地环境。深入推进化肥精准减量和农药减量增效，继续实施化肥使用量零增长和农药使用量负增长行动，推广科学施肥施药方式，完善有机肥施用政策，提高肥药利用率（郑学明，2024）。以加厚高强度与可降解地膜推广应用为替代，从源头上解决农田"白色污染"问题。

废弃物循环利用化。发展生态低碳农业，要求因地制宜推进秸秆肥料化、饲料化、能源化、基料化和原料化利用，建设畜禽粪污收集处理与粪肥还田利用设施，推广生态健康养殖模式，通过末端治理、循环畅通，将农业废弃物转化为可再生利用资源。加强畜禽粪污高效管理，完善粪污处理设施装备，规范就地就近还田作业，加快由"治"向"用"转变（姬超等，2024）。分区分作物推广秸秆科学还田模式，促进就地便捷利用；加快秸秆产业化开发，实现秸秆高值高效利用（孙眉，2024）。推进绿色生态种养，促进种植业和养殖业之间的物质和能量转换、循环。

产地环境生态化。发展生态低碳农业要更加注重农业生产生活与自然环境的和谐共生，强调在农业农村生产生活中实现资源的循环利用和生态平衡。优化匹配区域农业资源，保障区域生态环境承载能力。优化乡村种植、养殖、居住等功能布局，打造种养结合、生态循环、环境优美的田园生态系统，协同提高田园生态系统的生产、生活和生态功能，提升绿色优质农产品和生态服务供给能力（孙眉，2024）。推进一二三产业融合发展，发挥生态资源优势，发展休闲农业和乡村旅游，让良好生态环境成为农民致富增收的新增长点（吴晓华等，2024）。开展农村卫生厕所、生活垃圾和污水治理，不断提升农村人居环境质量。

生产生活低碳化。发展生态低碳农业，一是要求降低温室气体排放强度。通过推广先进适用的低碳节能农机装备，加快推进可再生能源在农业农村生产生活中的应用，降低化石燃料燃烧产生的碳排放；通过改良品种、改进饲喂技术，降低牛、羊等反刍动物肠道甲烷（CH_4）排放；通过沼气发酵、粪尿分离等提升畜禽粪污资源化利用水平，减少 CH_4 和氧化亚氮（N_2O）排放。二是强调提高农田土壤固碳能力。提升农田土壤的有机质含量，促进农田固碳扩容（郑学明，2024）。三是构建绿色低碳循环的农业产业体系。大力推进品种培优、品质提升、品牌打造和标准化生产，建设生态低碳农业的家庭农场与绿色农业产业园区，加快农产品加工绿色低碳转型，完善农产品绿色低碳流通体系，促进绿色低碳消费。

科技装备高新化。发展生态低碳农业，要有与之相匹配的资源节约型技术、环境友好型技术、低碳技术及其装备等现代农业技术装备作支撑，重点加强绿色技术、绿色品种、绿色装备、绿色投入品的研发和推广应用，加快科技自主创新，集成配套推广成熟适用技术模式（郑学明，2024）。

（二）指标体系构建

1. 指标体系的框架

在保证国家粮食安全和农民收入前提下，以"生态农业、低碳乡村"视角，结合我国生态低碳农业发展的现状、存在问题和实际需求，在参考国内外学者提出的生态低碳农业发展评价指标基础上，从5个维度构建生态低碳农业发展评价指标体系：一是稳产保供，现阶段我国的农业碳排放是生存性碳排放，在保障粮食安全的前提下，在保障粮食和肉蛋奶的生产能力以及稳定供给的基础上，追求生态低碳发展；二是资源利用，衡量农业生产中资源保护与节约循环利用，从资源效率、循环利用两方面选取指标；三是生态服务，衡量农业农村生态系统服务功能，从农业生态、乡村生态两方面选取指标；四是低碳发展，衡量农业农村与生态环境协调发展，从碳排放强度、碳汇效应两方面选取指标；五是经济发展，考量农业农村经济效率和农民增收层面，具体指标如表1-1所示。

表1-1 生态低碳农业的发展评价指标体系

目标层	准则层	指标层	属性	指标释义
稳产保供	生产能力	粮食单产/（kg/hm²）	正向	粮食总产量/播种面积
		播种面积/hm²	正向	粮食总播种面积
	稳定供给	人均粮食占有量/kg	正向	粮食产量/人口总数
		人均肉蛋奶占有量/kg	正向	肉蛋奶产量/人口总数
		粮食产量稳定度/%	正向	（当年产量-5年平均）/5年平均

（续表）

目标层	准则层	指标层	属性	指标释义
资源利用	资源效率	用水效率/（kg/m³）	正向	产量/农业用水中耕地部分的用水量
		肥药效率/（kg/kg）	正向	产量/投入品的量
		种植多样性/%	正向	（1-粮食播种面积）/农作物播种面积
	循环利用	秸秆综合利用率/%	正向	区域内秸秆利用量与可收集量的比例
		畜禽粪污综合利用率/%	正向	区域内畜禽粪污利用量与产生量的比例
生态服务	农业生态	人均生态承载力/hm²	正向	生态总承载力/总人口
		水土保持率/%	正向	（1-水土流失面积）/省面积
		单位面积优质农产品数量/（个/hm²）	正向	优质农产品数量/耕地面积
	乡村生态	农村卫生厕所普及率/%	正向	使用卫生厕所的农户数/农户总户数
		农村生活污水处理率/%	正向	经过处理的生活污水量/污水排放总量
		农村生活垃圾处理率/%	正向	经分类处理的生活垃圾量/全部生活垃圾总量
低碳发展	碳排放强度	种植业单位产量二氧化碳（CO_2）排放当量/（kg CO_2e/kg）	负向	种植业 CO_2 排放当量/农产品产量
		畜牧业单位产量 CO_2 排放当量/（kg CO_2e/头）	负向	畜牧业 CO_2 排放当量/猪牛羊家禽头数
		乡村居民生活用能的碳排放强度/（t CO_2e/a）	负向	乡村居民在日常生活中支出消费及消耗能源所产生的 CO_2 排放当量
	碳汇效应	农田碳汇/[Tg C/（hm²·a）]	正向	农田面积×农田年平均固碳系数/省面积
		林地碳汇/[Tg C/（hm²·a）]	正向	林地面积×林地年平均固碳系数/省面积
		草地碳汇/[Tg C/（hm²·a）]	正向	草地面积×草地年平均固碳系数/省面积

(续表)

目标层	准则层	指标层	属性	指标释义
经济发展	经济效率	农业劳动生产率/（万元/人）	正向	农业总产值/第一产业就业人数
		农业土地产出率/（万元/hm²）	正向	农业总产值/农作物总播种面积
	农民增收	农村居民人均可支配收入占人均GDP的比重/%	正向	农村居民人均可支配收入/人均GDP
		农林牧渔服务业总产值占农林牧渔业总产值的比重/%	正向	农林牧渔服务业总产值/农林牧渔业总产值

2. 指标解读

（1）稳产保供指标

稳产保供指标是衡量农业生产能力和稳定供应的重要标准。通过提高农业生产效率和产量，确保粮食供应充足，从而保障国家粮食安全和人民的基本生活需要。

生产能力指标：主要用于衡量粮食生产能力，以确保协同实现生态安全与粮食安全，包含粮食单产和播种面积指标。其中，粮食单产用于反映耕地粮食生产效率水平；播种面积则是指区域用于种植粮食的耕地面积，反映区域粮食生产用地规模。粮食单产和播种面积共同反映区域粮食生产能力和资源利用效率。

稳定供给指标：主要用于衡量粮食及重要农产品稳定供给能力，包含人均粮食占有量、人均肉蛋奶占有量和粮食产量稳定度。其中，人均粮食占有量和人均肉蛋奶占有量用来衡量区域粮食和肉蛋奶供给能力，粮食产量稳定度用来衡量区域粮食生产稳定程度。

（2）资源利用指标

资源利用指标是衡量农业生产中资源利用效率和循环利用的关键。农业生产中，土地、水、种子、肥料等是必不可少的资源，推动农业生产者科学、合理地使用上述资源，可提高资源利用效率和循环利用。为此，资源利用指标中选择用水效率、肥药效率和种植多样性；循环利用中选择秸秆综合利用率、畜禽粪污综合利用率。

资源效率指标：主要衡量生产资料使用效率，包括用水效率、肥药效率和种植多样性3个指标，其中用水效率、肥药效率分别衡量灌溉用水、化肥和农药生产效率，种植多样性反映农田生态系统的种植多样性。

循环利用指标：可全面反映农业生产者在秸秆和粪污循环利用方面的实践和成效，为评价农业生态低碳发展提供有力支撑。主要考量秸秆综合利用率和畜禽粪污综合利用率两个指标。

（3）生态服务指标

生态服务是指农业农村生态系统为人类提供的各种惠益，包括供给服务（如食物、水等）、调节服务（如气候调节、水文调节等）、文化服务（如景观美学、休闲娱乐等）以及支持服务（如土壤形成、生物控制等）。在选择农业农村生态服务指标时，以生态系统服务理论为依据，重点考量农业多功能性的农业生态指标和引导农业生产者关注生态环境的乡村生态指标。

农业生态指标：主要用来衡量农业生态的多功能性，包含人均生态承载力、水土保持率、单位面积优质农产品数量。人均生态承载力考量耕地、林地、草地的承载能力；水土保持率可以反映一个地区治理水土流失的状况；单位面积优质农产品数量可以反映单位耕地面积上绿色优质农产品的供应情况。

乡村生态指标：可直接反映乡村生态环境的质量和乡村可持续发展的水平，重点考虑乡村人居环境整治情况，选择农村卫生厕所普及率、农村生活污水处理率和农村生活垃圾处理率进行评价，符合国家政策导向，是解决乡村生态发展问题的现实需求。

（4）低碳发展指标

低碳发展指标是衡量农业农村与生态环境协调发展程度的关键。评价农业在碳减排、生态保护等方面的贡献，可以推动农业农村与生态环境的协调发展，实现农业生产、农村生活与生态环境的良性循环。为此，碳排放强度主要考量种植业、畜牧业和乡村居民生活用能 3 个方面的碳排放强度；碳汇效应主要考量农田、林地和草地碳汇 3 个指标。

碳排放强度指标：主要反映农业农村生产生活的碳排放强度，分别从种植业、畜牧业、乡村方面考虑。种植业包括农田 N_2O 排放、水稻种植 CH_4 排放和化肥、农膜、农药生产过程排放、农业用水耗电和农用机械柴油消耗碳排放；畜牧业包括畜禽肠道发酵 CH_4 排放和畜禽粪便 CH_4 和 N_2O 排放；乡村生活用能包括煤、天然气等能源的排放。

碳汇效应指标：可全面反映农业的碳汇功能和价值，为制定生态低碳农业发展政策和措施提供有力支持。同时，也有助于提高农业的综合效益和市场竞争力，推动农业的可持续发展，包括农田碳汇、林地碳汇和草地碳汇 3 个方面。

（5）经济发展指标

农业农村经济发展是农业生态低碳发展的基本目标，突出经济效率和农民收入增长，实现农业强、农村美、农民富。在经济效率上，重点考量农业劳动生产率和农业土地产出率两个指标；在农民增收上，重点考量农村居民人均可支配收入占人均 GDP 的比重，以及农林牧渔服务业总产值占农林牧渔业总产值的比重。

经济效率指标：主要用来衡量农业的生产效率，即农业生产投入转化为产出的效率水平。农业生产的重要投入主要为劳动力和土地，故指标包含农业劳动生产率和农业土地产出率两类。其中，农业劳动生产率反映农业生产中人力资本的利用效率；农业土地产出率反映农业生产中土地资源的利用效率。两者共同反映农业生产的整体效率，即如何在有限的劳动和土地资源下，生产出尽可能多的产品。

农民增收指标：主要指农民经济水平，能够反映农村经济发展情况，包含农村居民人均可支配收入占人均 GDP 的比重和农林牧渔服务业总产值占农林牧渔业总产值的比重两个指标。其中，农村居民人均可支配收入占人均 GDP 的比重反映农村居民的收入水平和生活质量，是衡量农村经济发展和人民生活改善的重要指标；农林牧渔服务业总产值占农林牧渔业总产值的比重反映农村产业结构的优化程度,即服务业占比越高则农村产业结构越优化,同时也衡量农业产业的升级程度。

(三) 指标赋值方法

采用专家打分法对生态低碳农业发展综合评价指标体系的26个指标赋予权重。

首先,专家分别对各层次进行打分,每一分类总分为100分。各专家指标权重计算公式:

$$w_i = (w_{目}/100) \times (w_{准}/100) \times (w_{指}/100) \qquad (1-1)$$

式中,w_i为第i个指标的权重;$w_{目}$为第i个指标的目标层分值;$w_{准}$为第i个指标的准则层分值;$w_{指}$为第i个指标的指标层分值。

其次,根据资深专家和行业专家权重进行综合权重计算,综合权重计算公式:

$$W_i = \sum (0.6 \times 资深专家权重/资深专家数量 + 0.4 \times 行业专家权重/行业专家数量) \qquad (1-2)$$

在选中指标基础上,邀请农业经济(含政府部门)、农业资源与环境等领域的专家打分,专家主要包含4个学科方向,其中农业环境与能源工程专家最多,占比38%,农业资源与环境专家占比30%,农业经济专家占比18%,畜禽环境科学与工程专家占比14%。共计发放80份打分表,收回打分表78份,剔除极值(稳产保供≤10%,稳产保供≥50%,经济发展<10%)12份,在66份有效打分表中,资深专家人数占比1/3(图1-1)。

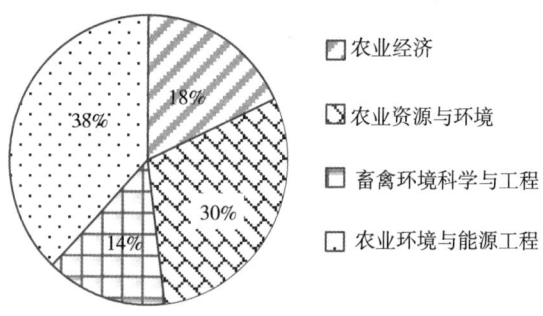

图1-1 各学科专家组成

目标层稳产保供、资源利用、生态服务、低碳发展、经济发展的权重分别为 0.270、0.189、0.168、0.186、0.187，其他准则层和指标权重结果见表 1-2。

表 1-2　生态低碳农业发展指标体系权重

目标层	权重	准则层	权重	指标层	权重
稳产保供	0.270	生产能力	0.146	粮食单产	0.083
				播种面积	0.062
		稳定供给	0.125	人均粮食占有量	0.046
				人均肉蛋奶占有量	0.036
				粮食产量稳定度	0.042
资源利用	0.189	资源效率	0.108	用水效率	0.043
				肥药效率	0.040
				种植多样性	0.025
		循环利用	0.082	秸秆综合利用率	0.040
				畜禽粪污综合利用率	0.042
生态服务	0.168	农业生态	0.094	人均生态承载力	0.037
				水土保持率	0.031
				单位面积优质农产品数量	0.026
		乡村生态	0.074	农村卫生厕所普及率	0.024
				农村生活污水处理率	0.025
				农村生活垃圾处理率	0.026
低碳发展	0.186	碳排放强度	0.103	种植业单位产量 CO_2 排放当量	0.039
				畜牧业单位产量 CO_2 排放当量	0.037
				乡村居民生活用能的碳排放强度	0.027
		碳汇效应	0.083	农田碳汇	0.030
				林地碳汇	0.028
				草地碳汇	0.025
经济发展	0.187	经济效率	0.087	农业劳动生产率	0.043
				农业土地产出率	0.044
		农民增收	0.100	农村居民人均可支配收入/人均 GDP	0.059
				农林牧渔服务业总产值占农林牧渔业总产值的比重	0.040

使用最大最小值标准化对各项指标数据进行处理,最后得到评价结果。

$$X_{ij} = \frac{x_{ij} - x_{\min}}{x_{\max} - x_{\min}} \quad (1-3)$$

式中,X_{ij}为第i个指标的第j个标准化数据;x_{ij}为第i个指标的第j个原始数据;$x_{\max}$为指标的最大值;$x_{\min}$为指标的最小值。

$$R = \sum W_i \times X_{ij} \quad (1-4)$$

式中,R为生态低碳农业的综合目标实现度;W_i为第i个指标的权重;X_{ij}为第i个指标的第j个标准化数据。

二、生态低碳农业发展[①]

(一) 我国生态低碳农业呈稳中有进发展格局

依据《中华人民共和国国民经济和社会发展第七个五年计划》(1986—1990年),将我国划分为3个区域:东部地区包括北京、天津、河北、辽宁、上海、江苏、浙江、福建、山东、广东和海南11个省(市);中部地区包括山西、吉林、黑龙江、河南、湖北、湖南、安徽和江西8个省;西部地区包括内蒙古、广西、重庆、四川、贵州、云南、西藏、陕西、甘肃、青海、宁夏和新疆12个省(区、市)。基于东部、中部和西部地区的分布格局对我国省级的生态低碳农业发展水平进行分析。

1. 我国生态低碳农业处于攻坚克难阶段

2016—2022年我国生态低碳农业呈整体上升趋势(R^2 = 0.889 1),综合目标实现度从2016年的81.9%提升到2021年的84.7%,虽2022年略有下降(84.5%),但整体上仍然保持了增长态势,年均增速0.65%(图1-2)。表明这段时间内,生态低碳农业发展取得了积极的成果,且未来有望继续保持良好的发展态势。

[①] 执笔人:韩雪、韩欣怡。

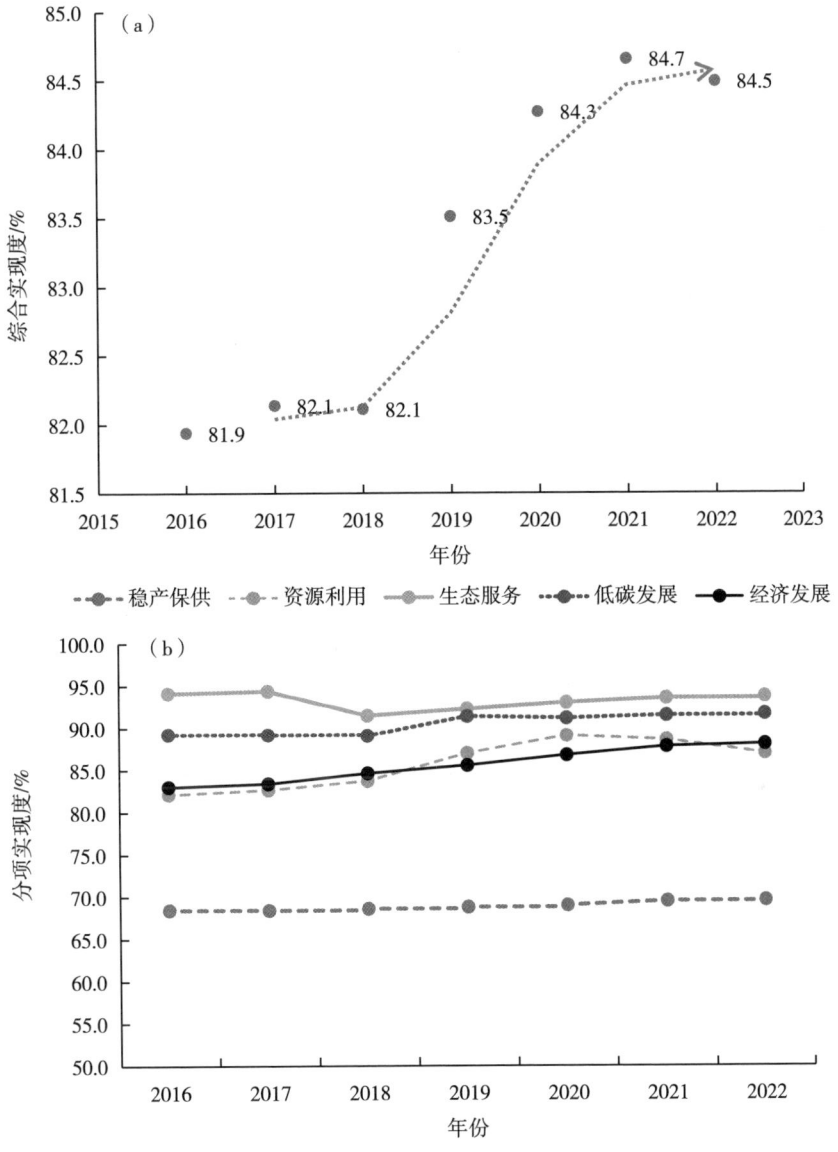

图1-2 2016—2022年生态低碳农业发展目标趋势

我国生态低碳农业正处于从传统生产模式向可持续发展转型升级的攻坚克难阶段，形成生产效能提速、低碳转型深化、生态短板待补的阶段性特征。资源利用和经济发展增长迅速，年均增长分别达 1.38% 和 1.21%，畜禽粪污综合利用率、农业劳动人均产值等指标快速发展；资源利用在 2016—2020 年增长迅速，但 2020—2022 年用水效率和肥药效率降低从而导致资源利用一直处于降低状态，需要及时干预，整体来说发展良好，2022 年较 2016 年提高了 5.89%；经济发展持续增长，目标实现度 2020 年较 2016 年提高了 6.07%。低碳发展和稳产保供能力建设成效显现，年均分别增长 0.56% 和 0.31%，得益于低碳和绿色生产技术推广、耕地保护等领域持续加大投入；低碳发展虽在 2019—2020 年有小幅下降但很快恢复增长态势，整体增加了 2.72%；稳产保供保持缓慢增长，2022 年目标实现度较 2016 年提高了 1.66%。2017—2018 年水土流失严重，生态服务功能降低，2018—2022 年一直努力进行生态功能恢复，生态服务得到小幅提高，但整体来说生态服务提升速率滞后预期，2016—2022 年目标实现度降低了 0.4%，水土保持率、生态承载力等关键指标仍面临资源环境约束趋紧、生态环境恶化趋势仍未得到有效遏制等现实挑战（图 1-2b）。

2. 我国生态低碳农业发展存在结构性差异

从 31 个省（区、市）生态低碳农业发展维度的目标实现度看，2016—2022 年，稳产保供 68.9%、资源利用 85.7%、生态服务 93.2%、低碳发展 90.5% 和经济发展 85.6%（图 1-3a），稳产保供与资源利用、经济增长与生态承载力尚未形成协调共生的良性循环，制约生态低碳整体效能。在稳产保供方面，其核心制约因素集中体现在粮食单产水平和人均肉蛋奶供给能力尚有较大提升空间。在资源利用方面，全要素生产率提升显著，化肥农药减量行动成效明显，持续优化空间指向用水效率和畜禽粪污综合利用率，较目标值尚有较大差距。在生态服务方面，需在人均生态承载力和优质农产品供给体系重点提升。在低碳发展方面，各指标实现度相对均衡，重点突破方向应聚焦农林生态系统碳汇增量工程。在经济发展方面，土地产出率和农林牧渔服务业总产值占比存在明显短板，体现出全产业链延伸的不足（图 1-3b~f）。

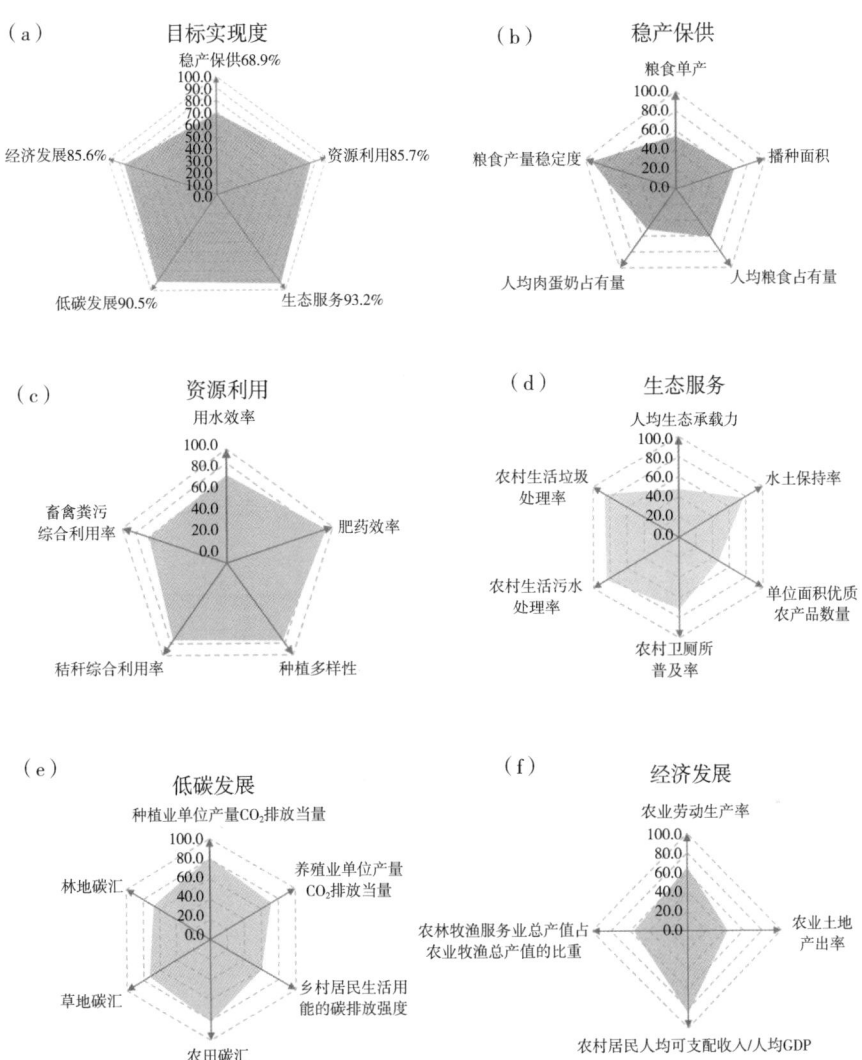

图 1-3　生态低碳农业发展五大维度目标实现度

（1）稳产保供

从稳产保供看，本套指标体系较好地体现了我国粮食和畜禽产品主产区的情况，粮食主产区有黑龙江、河南、内蒙古、湖南、山东、江西、江苏、安徽、吉林和四川，养殖大省有四川、河南、山东（图1-4）。主产区主要分布在中部地区，因而中部地区在稳产保供上比较优异,其中山西粮食单产和人均粮食产量较低,在中部地区表现较差;东部地区各省(市)之间差异较大,部分主产地区,如河北、辽宁、江苏、山东表现优异,而上海、北京、浙江等省(市)在粮食和肉蛋奶供给上表现较差;西部地区北部内蒙古、新疆,南部广西、四川稳产保供能力强,中部地区如青海、陕西则需要在稳产保供上做出努力。从分布频率看,第一梯队稳产保供实现度大于74.0%的省(区)有8个,分别为吉林、黑龙江、山东、辽宁、河南、内蒙古、新疆、江苏;第二梯队是绝对主力,63.0%~74.0%的省(区、市)有18个,占比最高;第三梯队小于63.0%,仅有5个。

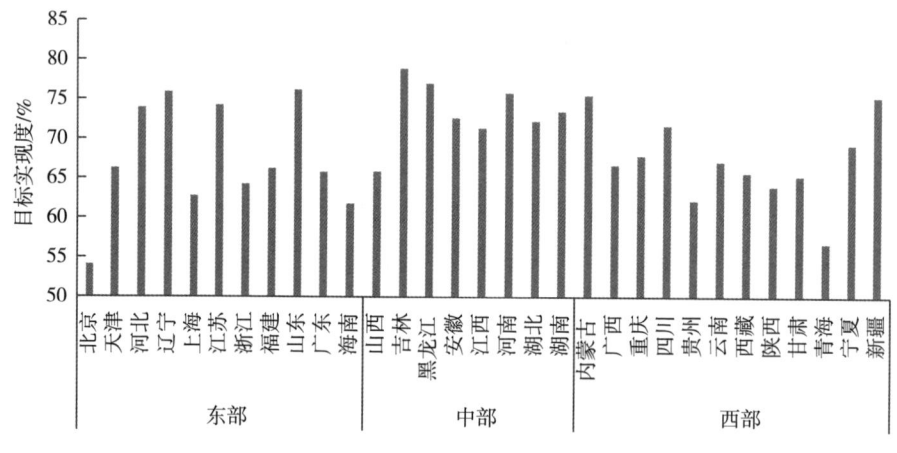

图1-4 稳产保供实现度空间分布

(2)资源利用

从资源利用看,排名前十的省(区、市)有广西、山东、浙江、重庆、四川、河北、河南、上海、陕西、天津(图1-5)。东部地区资源利用普遍较高,广东、海南肥药效率较低而略落后于其余省(市);中部地区种植多样性较差,且在资源循环利用上表现较差;西部地区表现尚可,省(区、市)之间差异较大,主要是由于用水效率省(区、市)之间的差异,其中广西的资源利用最优秀,其用水效率可达到7.04 kg/m^3;云南和西藏表现较差,其用水效率分别为4.99 kg/m^{3}和0.74 kg/m^3。从分布频率看,资源利用表现优秀的省（区、市）较为突出，其余省（区、市）分布较为均匀，目标实现度大于 90.0% 的有 2 个省（区），85.0%~90.0% 的省（市）有 16 个，80.0%~85.0% 的省（区）仅有 13 个，可见资源利用各省（区、市）表现均比较优异，省（区、市）之间差距小。

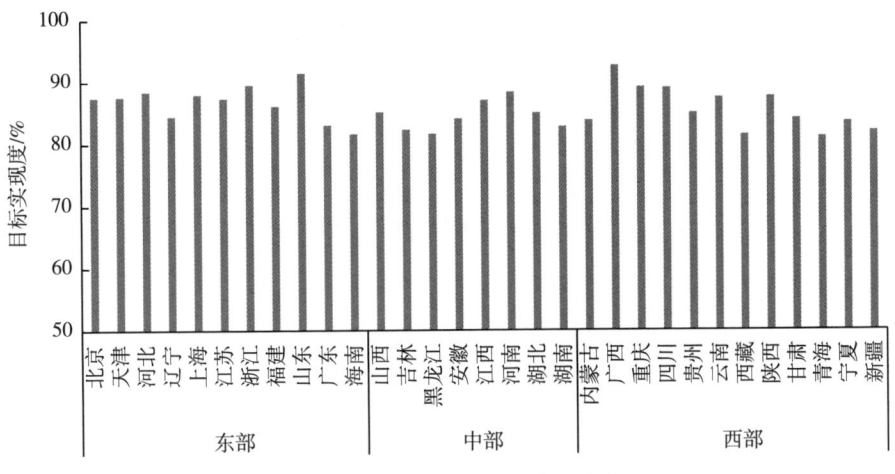

图 1-5 资源利用实现度空间分布

（3）生态服务

从生态服务看，排名前十的省（区、市）有西藏、江苏、福建、上海、浙江、山东、北京、江西、广西、宁夏（图 1-6）。东部地区在生态服务上表现优异，平均目标实现度 94.6%，但其人均生态承载力较差；中部地区优质农产品较少，在生态服务上表现较差；西部地区略优于中部地区，但水土流失较为严重，农村厕所普及率低，部分表现较差省（区）如山西、黑龙江、内蒙古等在优质农产品和乡村生态上较为落后。从分布频率看，生态服务各省（区、市）波动范围较小，目标实现度大于 95.5% 的有 9 个省（区、市），90.0%~95.5% 的省（区、市）有 17 个，小于 90.0% 的省（区）有 5 个，为新疆、辽宁、山西、黑龙江、内蒙古，这些省（区）与其余省（区、市）差距较大，应重点关注农业农村的生态建设。

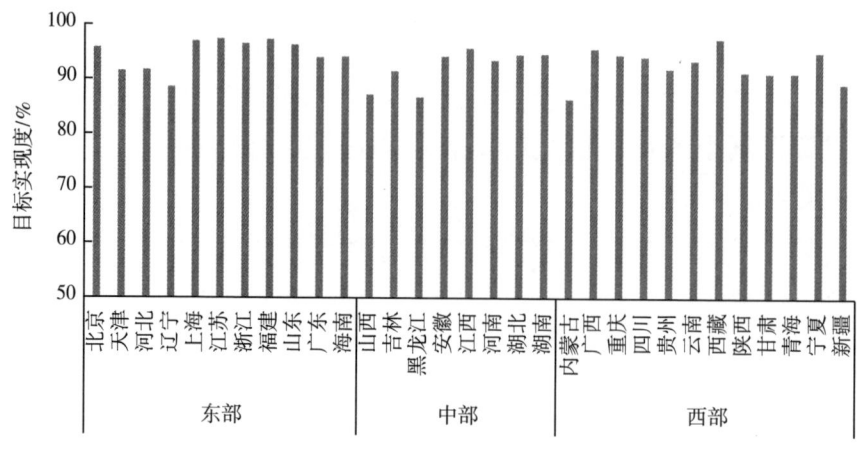

图 1-6 生态服务实现度空间分布

(4) 低碳发展

从低碳发展看，排名前十的省（区）有广西、海南、黑龙江、四川、吉林、辽宁、云南、广东、福建、浙江（图 1-7）。东部和中部地区表现较为优异，但其种植业碳排放强度高，草地碳汇较低；西部地区农用地和林地碳汇较低，低碳发展较差，但其碳排放强度并不高。从分布频率看，低碳发展头部地区差距较小，目标实现度大于93.0%的有8个省（区），88.0%~93.0%的省（区、市）有16个，小于88.0%的省（区、市）有7个，可见低碳发展头部地区比较集中。

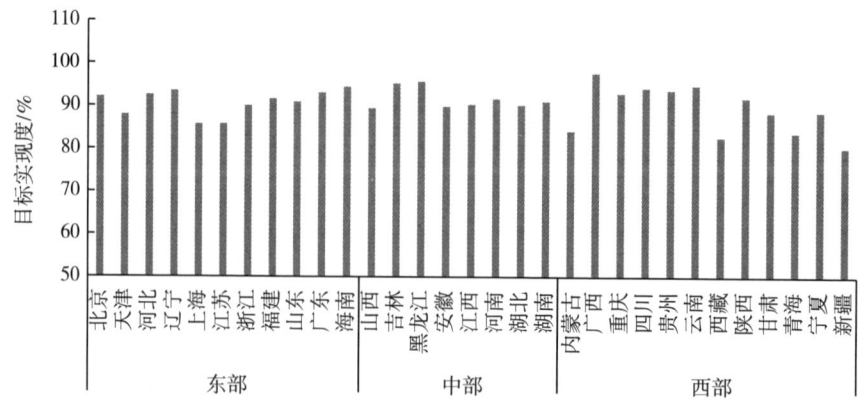

图 1-7 低碳发展实现度空间分布

（5）经济发展

从经济发展看，排名前十的省（区、市）有海南、江苏、河北、浙江、新疆、福建、山东、河南、上海、广西（图1-8）。东部地区平均目标实现度88.8%，农村居民人均可支配收入/人均GDP明显优于中部（11.87%）和西部地区（10.97%）。东部地区经济发展较好，但在农民增收上略逊于中部地区，中部和西部地区的农业劳动人均产值和农业土地产出率要远低于东部地区。从分布频率看，经济发展各省（区、市）波动范围虽然比较大，但发展较好的省（区、市）较多，单项目标实现度大于88.0%的有10个省（区、市），82.0%~88.0%的省（区、市）有15个，小于82.0%的省（区、市）有6个，部分省（区、市）还有较大提升空间。

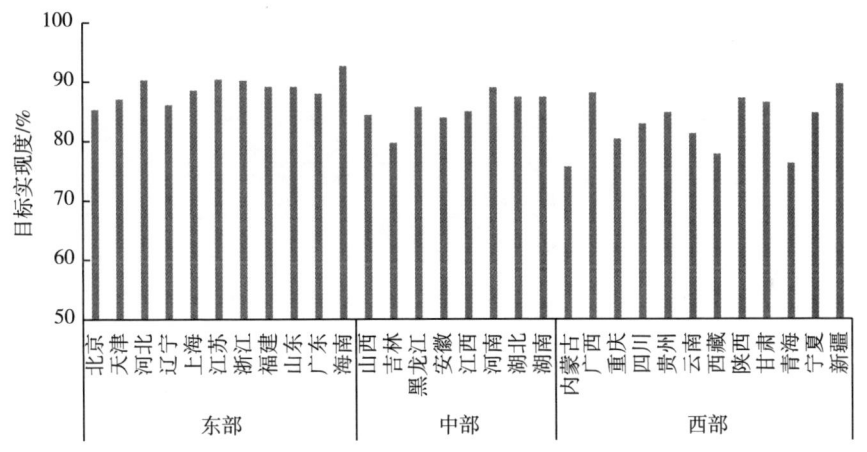

图1-8　经济发展实现度空间分布

3. 我国生态低碳区域发展不均衡特征突显

运用层次分析法（AHP）专家打分计算指标权重并构建综合评价指标体系，分析计算31个省（区、市）2016—2022年生态低碳农业发展水平综合目标实现度（图1-9）。2016—2022年东部、中部和西部地区生态低碳农业发展水平呈梯次差异，中部地区以84.3%领跑，东部次之（84.0%），西部地区亟待提升（82.0%）。中部地区优势在于低碳发展和稳产保供双轮驱动，目标实现度分别为91.7%和73.4%；东部地区优势在于经济发展、低碳发展和资源利用实现均衡发展，目标实现度分别为88.8%、90.7%和86.8%；西部地区五大领域目标实现度较全国平均值低0.2~2.7个百分点，需建立区域平衡提升机制。

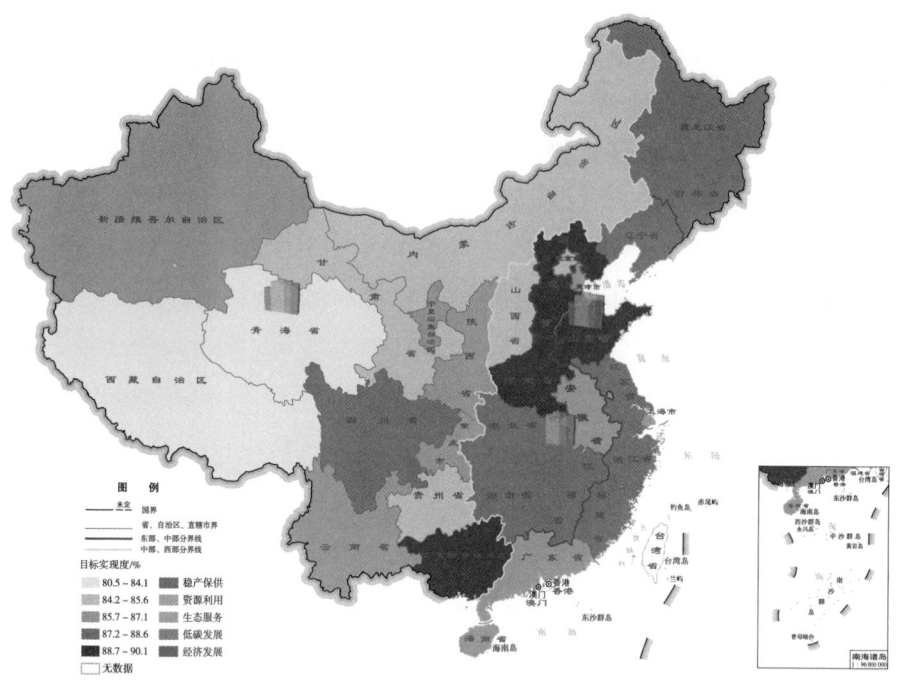

图1-9　2016—2022年生态低碳农业发展水平目标实现度空间分布（彩图见彩插）

从稳产保供、资源利用、生态服务、低碳发展、经济发展5个分项看，综合目标实现度跻身前10名的省（区、市）在5个分项中或者各项的目标实现度均较靠前，发展相对均衡，但总体来说除稳产保供各省（区、市）表现较好外，其余4项相对发展较弱。对于仅单项突出的省（区、市）来说，还有较大提升空间。可在保持第一梯队的基础上，重点关注。例如，吉林和黑龙江稳产保供分别排名第一和第二，但是资源利用和生态服务均在第20名之后，发展均衡空间有待提升，综合排名分别居第10位和第13位。

东部地区低碳发展、生态服务和经济发展表现优秀，目标实现度均在88.0%~95.0%；稳产保供和资源利用则表现较差，目标实现度分别为 67.4% 和 86.3%。东部地区资源利用表现较好，山东由于用水效率达到全国最高（8.09 kg/m³），资源利用实现度为 91.5%；但由于辽宁在多样性和畜禽粪污综合利用率上表现较差，广东、海南的用水效率和肥药效率较低，辽宁、广东、海南资源利用实现度分别为 84.4%、83.1%、81.6%，低于全国平均水平（85.7%）。东部地区在生态服务上整体表现优异，在单位面积优质农产品上遥遥领先。上海、北京、浙江最高，分别可达到 0.735 个/hm²、0.253 个/hm² 和 0.133 个/hm²，全国平均仅 0.048 个/hm²；而天津、河北、辽宁均未达到全国平均水平，分别为 0.037 个/hm²、0.020 个/hm²、0.023 个/hm²，同时由于人均生态承载力较弱，在东部地区属生态服务较差的省（市）；辽宁卫生厕所普及率、污水处理率、生活垃圾处理率分别为 25.90%、4.88%、46.84%，低于全国平均水平。东部地区经济发展迅速，目标实现度为 88.8%，除北京实现度（85.3%）略低于全国平均值（85.6%）外，其余省（市）在经济发展上实现度均高于全国平均值；最高为海南，可达到 92.6%，主要源于海南的农业劳动人均产值（7.15 万元/人）和农业土地产出率（18 万元/hm²）远高于全国平均值（分别为 3.70 万元/人和 4.89 万元/hm²）。东部地区的河北、辽宁、江苏、山东为种植大省，在稳产保供上表现良好，而北京、天津、上海、浙江、福建、广东、海南为粮食主销省，其粮食单产均在全国平均水平之上，但粮食播种面积、人均粮食占有量和人均肉蛋奶产量却远低于全国平均水平，稳产保供实现度 67.4%。天津、上海、江苏尤其需要提高其低碳能力，低碳发展实现度不足 88.0%，落后于 90.5% 的平均水平，海南在东部地区表现最优异，乡村居民人均生活用能碳排放 0.03 t CO_2e，远低于全国平均水平 0.168 t CO_2e，农用地占比 50.33%，远高于全国平均水平（25.87%），低碳发展实现度 94.4%。

中部地区稳产保供和低碳发展较好，目标实现度分别可达到 73.4% 和 75.6%，经济发展实现度为 63.5%，优于西部地区但弱于东部地区；且在资源利用和生态服务上均弱于西部和东部地区，目标实现度分别为 84.5% 和 92.2%。中部地区聚集了吉林、黑龙江、安徽、河南等种植大省，其中黑龙江、河南粮食播种面积分别可达到 1 468.32 万 hm^2 和 1 077.84 万 hm^2，吉林、黑龙江人均粮食占有量分别可达到 1 737.99 kg/人和 2 505.05 kg/人，远超全国平均水平，在稳产保供上表现优于东部地区和西部地区；山西粮食单产 4 648 kg/hm^2，远低于全国平均水平 5 795 kg/hm^2，在稳产保供上表现较差，目标实现度未达到平均水平 68.9%。中部地区低碳发展优异，其中吉林、黑龙江种植业碳排放强度分别为 0.27 t CO_2e/t、0.25 t CO_2e/t，远低于平均水平（0.83 t CO_2e/t），低碳发展实现度均在 95% 以上；安徽林地覆盖率仅为 28.97%，比平均水平低 15.31%；湖北、湖南乡村居民人均生活用能碳排放分别为 0.15 t CO_2e 和 0.12 t CO_2e，远高于平均水平（0.08 t CO_2e），导致其低碳发展实现度低于平均水平。中部地区经济发展较弱，其中吉林、黑龙江的农业土地产出率分别为 2.43 万元/hm^2 和 2.84 万元/hm^2，低于经济发展好的地区（如上海可达到 5.54 万元/hm^2），导致其农林牧渔服务业总产值占农林牧渔业总产值的比重比较低，不足 3%；河南、湖北、湖南是中部地区在经济发展上表现较好的省份，其农业土地产出率分别可达到 4.72 万元/hm^2、5.12 万元/hm^2、4.62 万元/hm^2，明显优于中部其余省份，且农林牧渔服务业总产值占比较高，分别占比 7.99%、8.08%、7.66%。中部地区资源利用较差，其中吉林、黑龙江为粮食种植大省，多样性较差，安徽、湖南的用水效率和肥药效率低于平均水平，导致吉林、黑龙江、安徽、湖南目标实现度不足 85.0%；江西秸秆综合利用率高，目标实现度可达 87.0%；河南用水效率较高，可达到 8.24 kg/m^3，其目标实现度为 88.3%。中部地区生态服务功能较差，其中山西、吉林、辽宁由于农村卫生厕所普及率和污水处理率较低而目标实现度均未达到 92.0%；而江西卫生厕所普及率可达到 82.70%，生活垃圾处理率可达到 90.64%，其生态服务在中部地区中目标实现度最高，为 95.7%。

西部地区生态服务和低碳发展较好，目标实现度高于 89.0%，但稳量保供、资源利用和经济发展落后较多，是西部地区需要重点提升的领域，其中青海、西藏、甘肃、内蒙古、贵州是需要重点关注的省（区）。西部地区资源利用实现度为85.6%，优于中部地区但略逊于东部地区，其中广西目标实现度最高，可达92.6%，其用水效率和肥药效率分别可达7.04 kg/m³和46.67%，高于全国平均水平3.45 kg/m³和30.53%，同时多样性和畜禽粪污综合利用率均高于平均水平，是广西资源利用率高的主要原因；西藏、青海表现较差，用水效率均低于1 kg/m³，其资源利用实现度均未达到82.0%，远低于全国平均水平（85.7%）。西部地区生态服务表现尚可，目标实现度为92.6%，内蒙古和西藏的人均承载力分别为2.64 hm²和8.11 hm²，位居全国榜首，但内蒙古生态服务实现度在西部地区最低，为86.4%，西藏在西部地区的生态服务实现度最高，为97.5%，主要是由于水土保持、单位面积优质农产品数量和生活垃圾处理率的差异，内蒙古和西藏的水土保持率分别为52.02%和92.17%，单位面积优质农产品数量分别为0.02个/hm²和0.04个/hm²，生活垃圾处理率分别为37.59%和64.20%。西部地区稳产保供实现度为67.3%，其中内蒙古、新疆、四川为种植养殖大省，三者在西部地区稳产保供实现度最高，分别为75.5%、75.3%、71.7%；青海、贵州、陕西表现较差，目标实现度均不足65.0%，主要是由于粮食单产、播种面积、人均粮食占有量和人均肉蛋奶占有量均低于粮食主产省。西部地区低碳发展较好，其中广西和云南低碳发展较好，目标实现度分别为97.7%和94.8%；新疆和西藏表现较差，目标实现度不足83.0%，主要差异在乡村居民人均生活用能碳排放和农用地占比，广西、云南的乡村居民人均生活用能碳排放分别为0.02 t CO_2e和0.09 t CO_2e，新疆和西藏分别为0.16 t CO_2e和1.76 t CO_2e，新疆和西藏的农用地占比分别为4.90%和0.38%，远低于全国平均水平（14.67%）。西部地区经济发展较为落后，目标实现度仅为82.9%，农村居民人均可支配收入占人均GDP的比例平均为23.19%，低于全国均值（24.21%），农林牧渔服务业总产值占比平均为3.77%，略低于全国平均水平（3.86%）。

（二）农业低碳发展主导因素解析

1. 影响因子筛选

生态低碳农业是在低碳农业背景下，以节约资源、减少碳排放和增加生态功能为主要特征的新型农业发展方式，其发展的主要目的是通过合理利用、有效保护、综合管理、持续利用资源，最大限度地提高能源资源利用效率，降低农业碳排放强度同时保证粮食供给（李文华，2018）。综合看，生态低碳农业发展水平受经济、社会、能源、生态等方面因素的影响。经济因素考虑居民发展水平和经济发展水平，社会因素考虑城镇化率和人口规模（裴尧，2023），能源因素考虑技术效率，生态因素考虑产业结构和农业发展水平（吴沣槭等，2023）。

（1）城镇化率

城镇化率对生态低碳农业的影响是一个复杂而多面的问题。随着城镇化率的提高，大量农村人口向城市迁移，农村土地资源得以集中，有利于农业实现规模化、集约化经营。这种经营方式可以提高农业生产效率和机械化，降低生产成本，同时减少化肥、农药等化学物质的过度使用，有利于生态低碳农业的发展。城市作为科技创新的中心，为农业技术的研发和推广提供了有利条件，促进农业技术创新与应用。通过引进和应用先进的农业技术，如智能农业、精准农业等，可以提高农业生产效率，降低资源消耗和环境污染，推动生态低碳农业的发展。

城镇化率的提高意味着城市用地的扩张，这可能导致对农村土地资源的过度占用和破坏。如果缺乏有效的土地规划和保护措施，可能导致农田面积减少、耕地质量下降等问题，导致生物多样性下降，影响生态系统的稳定性和抵抗力，对生态低碳农业的发展构成威胁。

（2）技术效率

农林牧渔业总产值与碳排放之比是衡量农业领域碳排放效率

的重要指标,对生态低碳农业的发展具有显著影响。

农林牧渔业总产值与碳排放之比较低时,说明农业领域的碳排放效率较低,资源利用效率不高,且可能对环境造成较大的压力。这种情况下,生态低碳农业的发展面临较大的挑战。为了降低碳排放,需采取一系列措施,如优化农业产业结构、提高资源利用效率、减少化肥农药的使用等。相反,农林牧渔业总产值与碳排放之比较高时,说明农业领域的碳排放效率较高,资源得到了有效利用,且对环境影响较小。这种情况下,生态低碳农业发展潜力较大,可进一步推广低碳农业技术,提高农业生产效率,同时减少碳排放,以实现农业可持续发展。

(3) 产业结构

农林牧渔业总产值与国内生产总值(GDP)之比是衡量农业在国民经济中地位的重要指标。比例越高,说明农业在国民经济中的贡献越大,农业发展对整体经济的稳定和发展越具有重要意义。这种情况下,政府和社会可能更加重视农业的发展,包括生态低碳农业的发展。通过政策扶持、资金投入等措施,推动农业向更加环保、低碳的方向发展,从而实现农业与生态环境的协调发展。

(4) 居民消费水平

随着农村居民人均可支配收入的增加,农户拥有更多的资金用于农业生产投资,包括购买先进的农业设备、采用新的农业技术或改进农业生产方式。这些投资和技术进步有助于推动农业向生态低碳方向发展,如通过精准农业、生态农业等模式减少化肥、农药的使用,降低碳排放。然而,如果农村居民人均可支配收入的增加没有伴随着农业生产方式的根本性变革,那么农业资源的过度消耗和环境污染问题可能会继续存在。

(5) 经济发展水平

随着经济的发展和人均 GDP 的提高,消费者对农产品的需求也发生变化,推动农业产业结构调整。农业生产者根据市场需求调整种植结构和养殖结构,发展高效、环保的农业产业,有助于优化农业资源配置,减少资源浪费和环境污染,推动农业可持续发展。但在某些地区，随着人均 GDP 增长，农业生产者可能会为了追求更高的产量和效益而过度使用化肥、农药等生产资料，进而导致土壤污染、水源污染等环境问题，对生态低碳农业的发展产生不利影响。

（6）人口规模

一般来说，人口规模对碳排放量具有正向影响。首先，人口越多，使用和消耗的能源就越多，所产生的碳排放量也就越大。其次，人口增长不可避免地改变自然生态环境，增加了碳排放量。但是，第一产业就业人员，特别是具有创新精神和专业技能的农民，是农业技术创新的重要推动者。他们通过学习和实践，掌握并应用新技术、新方法，如智能农业、精准农业等，提高农业生产效率，同时减少资源消耗和环境污染，从而推动生态低碳农业的发展。

随着农村劳动力向第二、第三产业的转移，第一产业就业人员数量减少，可能导致农业生产效率下降和农用物资投入增加，这在一定程度上可能增加农业碳排放量，对生态低碳农业的发展构成挑战。然而，农业劳动力的减少也可能推动农业机械化进程，提高农业生产效率，有助于降低农业碳排放强度。因此，这一影响具有双重性。

（7）农业发展水平

农业发展水平代表着一个地区农业的经济效益，农业发展水平提高有助于推动农业向更加高效、环保、可持续的方向发展，如通过研发和推广生态低碳农业技术来减少碳排放和资源消耗。人均农业产值的提高往往伴随着农业产业结构的优化和调整。农业生产者会根据市场需求和资源条件，选择更加环保、高效的农业产业和种植结构，从而推动生态低碳农业的发展。

初步筛查可能有关的影响因子，将所有影响因子与生态低碳农业发展水平评价结果进行回归和共线性分析（表1-3），筛除影响因子与生态低碳农业发展水平之间显著性大于0.1和共线性大于10的指标（许梦华等，2025），其余指标作为新的影响因子进行分析，由于居民消费水平和经济发展水平符合指标筛除要求，予以剔除。

表1-3 生态低碳农业发展水平影响因子

代码	影响因子	指标解释	共线性
X1	城镇化率	城镇人口占总人口的比率	6.289
X2	技术效率	农林牧渔业总产值与碳排放之比	2.134
X3	产业结构	农林牧渔业产值与总产值之比	7.930
X4	居民消费水平	人均可支配收入	11.227
X5	经济发展水平	人均GDP	13.781
X6	人口规模	第一产业从业人员	1.618
X7	农业发展水平	农业产值与总人口之比	4.845

2. 影响因子分析

基于随机性环境影响评估模型（STIRPAT模型）和岭回归，2016—2022年生态低碳农业水平与5个影响因子的重要程度如表1-4所示。由表1-4可知，农业发展水平对我国生态低碳农业影响最大，表现为显著的正效应；产业结构表现为负效应，表明经济发展与生态低碳农业发展的不平衡；人口规模和技术效率表现为影响程度最小的正效应，随着第一产业就业人员的增加，推动农业技术创新，增加单位碳排放的经济效益从而提高生态低碳农业的发展；城镇化率的提高会挤压农业的生存空间和受重视程度，会抑制生态低碳农业的发展。

所有地区，城镇化率与生态低碳农业的发展呈显著的负相关，且影响程度在西部地区最为显著（-0.303，t值为-4.256）。这表明随着城镇化率的提高，生态低碳农业发展受到一定程度的抑制，可能是因为城镇化进程中的土地扩张、资源消耗和环境污染等问题对农业生态环境造成压力，导致人均生态承载力降低，且在西部地区城镇化率对生态低碳农业的影响最大，可能与西部地区农业用地相对较多，但城镇化进程对农业用地的占用更为严重有关，且城镇化率越高，农民人均可支配收入占人均GDP的比重越低。因此，提高城镇化率的同时，应提高资源利用率和土地生产效率，增强土地生态功能，避免破坏生态低碳农业的发展。

技术效率对生态低碳农业发展的影响在不同地区存在差异。东部地区的技术效率系数为负但不显著（-0.014，t 值为 0.803），中部地区为显著的负效应（-0.028，t 值为 2.419），表明东部地区和中部地区的 GDP 增加幅度要低于碳排放增加幅度，此时 GDP 的增加是以更多碳排放为代价的，反而使得生态低碳农业实现度呈现降低状态；而西部地区和全国均表现为显著的正向影响（0.081，t 值为 -4.278；0.030，t 值为 -3.715），证明从西部地区和全国来看，GDP 增加幅度要高于碳排放增加幅度。因此，在东部和中部地区应以减排为主，在西部地区应以增产和增加 GDP 为主。

产业结构与所有地区的生态低碳农业均呈现显著的负相关，且影响程度在西部地区最为显著（-0.118，t 值为 -3.267）。农林牧渔业产值与总产值之比反映了农业产业内部的结构特征，该比值较高，意味着农业、林业、牧业和渔业在总产值中占比较大，表明该地区的农业产业结构相对传统，可能更依赖于资源密集型或高排放的农业活动，且生产效率较低，这一现象在西部地区尤为突出。而生态低碳农业强调的是资源节约、环境友好和可持续发展，因此，传统生产方式与生态低碳农业的发展目标存在一定的矛盾。为了提升生态低碳农业水平，可能需要减少对资源密集型或高排放农业活动的依赖，转向更加环保和可持续的生产方式，提高生产规模化、提高资源利用效率。

人口规模对所有地区的生态低碳农业均产生正向影响，但影响程度在东部地区最为显著（0.030，t 值为 6.163）。这表明第一产业从业人员的增加可能促进了农业资源的有效利用和农业生态环境的改善，进而推动了生态低碳农业的发展。然而，在西部地区，人口规模的影响相对较小且不显著（0.005，t 值为 0.393），可能是因为西部地区的人口密度较低，对农业生态环境的影响相对较小。

农业发展水平对所有地区的生态低碳农业均产生显著的正向影响，且影响程度在中部地区最为显著（0.205，t 值为 5.993）。这表明农业发展水平越高，越有利于生态低碳农业的发展。这可能是因为随着人均农业产值的提高、农业技术的不断进步和农业生产方式的转型升级，农业生产效率和资源利用效率得到提高，同时减少了环境污染和生态破坏。

表1-4　影响因子重要程度

项目	中国	东部	中部	西部
城镇化率	-0.072（-1.759）	-0.220（-2.395）	-0.223（-2.584）	-0.303（-4.256）
技术效率	0.030（-3.715）	-0.014（0.803）	-0.028（2.419）	0.081（-4.278）
产业结构	-0.088（-5.261）	-0.099（-3.907）	-0.093（-3.010）	-0.118（-3.267）
人口规模	0.030（6.163）	0.018（3.089）	0.020（1.613）	0.005（0.393）
农业发展水平	0.114（5.855）	0.129（4.259）	0.205（5.993）	0.134（3.846）
常量项	3.802（66.867）	3.835（48.033）	3.804（40.904）	3.743（34.594）
R^2	0.455	0.454	0.620	0.498
调整后的R^2	0.442	0.442	0.582	0.466
F值	35.200	35.143	16.289	15.504
P	<0.001	<0.001	<0.001	<0.001

注：括号内为系数t值，代表影响因子对生态低碳农业发展水平影响的显著程度。

城镇化率和农业发展水平是影响生态低碳农业发展最重要的因素。东部地区城镇化率高，过度追求经济效益而忽视了稳产保供的重要性，导致稳产保供能力差，碳排放强度高，且单位碳排放产生的经济效益与生态低碳农业发展水平不符，产业结构有待调整。中部地区稳产保供表现优异但人口规模低，农民耕作压力大，资源利用率低，生态服务功能较差，阻碍了生态低碳农业的发展，同时经济发展缓慢，单位碳排放产生的经济效益低，这是中部地区发展生态低碳农业的一个重大问题。西部地区在城镇化进程中忽略了农业的发展，农业用地技术效率较低，低碳发展和经济发展较弱，当前产业结构不利于生态低碳农业的进步。

三、行动建议[①]

习近平生态文明思想日益深入人心，"绿水青山就是金山银山"

---

① 执笔人：罗良国。

理念逐步成为社会共识。我国几千年的农耕文明始终强调人与自然和谐，生态低碳农业就是以具体化的实践形式和内容实现了人与自然的和谐，满足了人们对优美生态环境的期待，是中国特色农业强国的重要体现。尽管我国发展生态低碳农业取得了积极进展，但对照国家生态文明建设总体部署和要求，以及碳达峰碳中和目标（以下简称"双碳"目标）要求，依然存在不小差距，面临艰巨挑战，亟须采取切实行动，全面推进农业绿色转型支撑农业高质量发展。

（一）面临的挑战

1. 生态低碳农业起步晚，水平不高且发展不平衡

兼顾发展与环境方面，仅有部分省（区、市）生态低碳农业的协调均衡性表现较好，而粮食主产省和主销省要实现既稳产保供又稳定经济，协调生态低碳农业发展难度大，因此分区施策助力农业生态低碳发展是关键。

2. 生态低碳农业监测体系尚未建立，生态低碳基础数据薄弱

生态低碳农业监测体系缺乏，这不仅导致全国和各地生态低碳农业发展的家底不清、情况不明，更难以支撑生态低碳农业发展水平评价，对准确判定减排固碳增汇水平带来风险。探索数字赋能、构建生态低碳农业监测体系和核算体系是基础。

3. 缺乏面向区域产业全链条的综合解决方案

战略性新兴生态低碳技术短期内难以代替传统农业技术成为地方经济发展新的增长极，应对稳产保供、经济增长与生态低碳协同发展存在的挑战，适应能力不足。受到区位、政策、教育资源等因素限制，生态低碳技术广泛应用薄弱，掌握专业技能人才和组织匮乏，难以汇聚国内外优秀的减排固碳智力资源构建生态低碳农业产业。

4. 生态低碳农业建设主体单一、能动性匮乏

以生态低碳为导向的激励机制、生态低碳农业价值实现机制尚不健全，市场运行机制不完善，社会化服务主体和组织少。农

民主体更关注农作物产量及其经济效益，缺乏生态低碳农业理念，认知不足，重视程度不够。同时，基层农业劳动者普遍受教育程度低，与发展生态低碳农业的人才需求尚不匹配，不利于推进生态低碳先进技术推广应用。而农民主体分散化经营、产业链脱节，增加了碳排放核算的难度和成本，使其难以作为有效主体参与碳交易市场。扶持力度弱和主体错配双重问题，导致生态低碳农业参与主体单一，发展动力不足。

（二）行动措施

1. 加强顶层设计，分区分类推动生态低碳农业发展

国家层面出台生态低碳农业发展纲领性文件，各省（区、市）细化实施方案。根据我国东、中、西部生态低碳农业发展不平衡特点，东部地区应优先强化低碳技术、装备研发与集成示范，将"生态低碳+"融入农业全产业链。中部地区以资源节约高效和种养循环为核心，打通生态低碳农业全产业链。西部地区应在持续加大生态低碳农业建设投入的同时，加快建立健全农业生态价值实现机制，促进生态低碳红利转化为经济价值和社会效益。

2. 深化数字赋能，助推"五位一体"的生态低碳农业监测体系构建

统筹谋划生态低碳农业发展水平监测评价办法与技术规范的制定，并相继研究制定《生态低碳农业发展水平监测评价办法》《生态低碳农业评价技术规范》等标准规范，健全生态低碳农业全生命周期碳核算方法。以生态低碳农业产业园区、生产基地和高标准农田为对象，加快构建稳产保供、资源利用、生态服务、低碳发展、经济发展"五位一体"的生态低碳农业监测体系，开展农业投入品减量、农业农村废弃物资源利用、农业农村生态环境质量、农业一二三产融合发展等长期跟踪监测与减排增汇碳核算。立足国家农业环境数据中心等平台和国家农业农村长期因子综合观测网络，构建生态低碳农业专项监测数据库，为科学评价生态

低碳农业发展水平提供基础数据和管理决策支持。

3. 加大科技创新，推动农业发展向生态绿色低碳转型

针对我国东、中、西部地区不同社会经济发展水平和资源禀赋特征，以生态低碳农业全产业链减排增汇技术协同、装备协同、模式协同和核算方法协同为导向，加快不同区域生态低碳农业关键技术、装备、模式的集成创新与协同创新，探索建立以农产品碳标识规范化管控的生态低碳种养循环农业全链条标准体系，提高科技创新效能。结合物联网、大数据等新技术创新应用，推广生态低碳产品数字标签，实现生态低碳农产品供给、服务、认证和监管全程数据化，创新以农产品碳标识为载体的生态低碳农业价值实现新路径。同时，加快生态低碳农业领域专业技能（生态低碳资产管理、减排增汇监测工程、碳减排增汇交易、碳减排增汇评估咨询等）人才培养或科技创新平台（生态低碳农业国家重点实验室、生态低碳农业技术装备集成创新中心等）建设，为建立健全生态低碳循环农业发展的经济体系、助力实现"双碳"目标提供专项人才和专业攻关大平台支持。

4. 完善政策机制，引导多元主体共同参与生态低碳农业建设

完善生态低碳农业支持政策体系，启动生态低碳生产者补贴、生态低碳产品供给补贴和碳汇核算交易等生态低碳农业建设与发展试点示范专项项目，直接支持生态低碳农业发展。加大生态低碳农业绿色金融产品供给，推进生态低碳导向的开发模式和投融资模式创新，探索区域性生态低碳农业建设项目金融（如地方绿色债券）支持模式。加强面向新型农业经营主体的生态低碳农业技能宣传培训，扶持一批生态低碳农业第三方服务组织，支持龙头企业等新型经营主体与中小农户建立生态低碳农业发展联合体，带动广大中小农户参与生态低碳农业发展。

参考文献

姬超，傅钰，2024. 农村生态环境问题的发展型治理机制与实现路

径 [J]. 特区实践与理论 (4): 120-128.

李丽颖, 2023. 发展生态低碳农业, 推进人与自然和谐共生的中国式农业现代化 [N]. 农民日报, 2023-02-17 (001).

李玲玥, 2024. 低碳农业发展对农业经济可持续性的影响 [N]. 山西科技报, 2024-11-14 (B03).

李文华, 2018. 中国生态农业的回顾与展望 [J]. 农学学报, 8 (1): 145-149.

刘趁, 2023. 加快发展生态低碳农业 推进农业发展全面绿色转型 [N]. 农民日报, 2023-02-07 (001).

裴尧, 2023. 湖北省低碳农业发展水平评价及影响因素研究 [D]. 武汉: 湖北省社会科学院.

苏宇芳, 2023. 发展生态低碳农业 助力实现乡村振兴和"双碳"目标 [EB/OL]. [2023-02-13]. http://www.sky.yn.gov.cn/xsyj/zgsd/01112430368824159086.

孙眉, 2024. 发展绿色低碳循环农业建设宜居宜业和美乡村 [N]. 农民日报, 2024-12-31 (002).

翁伯琦, 2023. 乌山时评|加快发展生态低碳农业 实现"绿""富"共赢 [N/OL]. [2023-04-17]. https://news.fznews.com.cn/node/11931/20230417/644785ba6a21f.shtml.

吴沣槭, 黄伟斌, 陈家乐, 等, 2023. 中国棉花生产碳排放核算与碳达峰预测 [J]. 农业环境科学学报, 42 (3): 692-704.

吴晓华, 张浩然, 2024. 低碳农业高质量发展的动力及实现路径研究 [J]. 商业经济 (11): 134-138, 145.

许梦华, 刘菊, 胡月英, 2025. 皖北地区农业高质量发展影响因素研究 [J]. 内蒙古民族大学学报 (自然科学版), 40 (1): 82-89.

郑学明, 2024. 低碳经济背景下如何转变农业经济发展方式 [J]. 山西农经 (23): 105-107.

郑兆峰, 高鸣, 2024. 坚持发展生态低碳农业: 内涵、挑战与战略构想 [J]. 华中农业大学学报, 43 (3): 65-74.

领衔作者: 韩 雪
主要作者: 郑 莹 罗良国 韩欣怡

第二章 2024年农业农村减排固碳政策和成效

本章摘要

我国积极参与和引领全球气候变化谈判进程,推动《巴黎协定》的达成、签署、生效和实施,并于2020年作出"力争2030年前实现碳达峰、2060年前实现碳中和"的庄严承诺;积极推动落实联合国2030年可持续发展议程,为全球环境治理提供中国理念和中国贡献。2022年,农业农村部发布《农业农村减排固碳实施方案》,各级政府部门大力推进,全社会积极参与,取得了显著的成效,有力推动了农业农村减排固碳,加强了生态文明和美丽中国建设,助推农业农村绿色低碳转型高质量发展。当前,减排固碳、生态保护与经济发展的矛盾依然是"双碳"目标实现的羁绊,也是我国生态低碳农业发展面临的主要问题。此外,农食系统中农林系统分设不利于大食物观下农业减排固碳综合统筹,我国农业固碳减排监测、核算、方法与标准体系不完善,也影响对全球气候治理农业议题的应对,制约我国在涉农议题气候变化谈判和国际规则制定中掌握主动权。

为稳步推进我国农业农村低碳高质量发展,建议:①在气候变化全球治理与国家粮食安全的双重战略需求驱动下,我国农业农村减排固碳要以资源承载力和生态环境容量为约束条件,重点解决好"人-地-粮"和"水-能-粮"的关系,保障粮食和重要农产品稳定安全供给,促进农业农村低碳发展、农业农村生态环境友好改善和韧性农业的协同实现;②坚持在"科技创新强力支撑、资源利用高效集约、温室气体与污染物排放协同遏制、减排固碳与气候适应协同双赢"的基础上,实施"主粮安全供给、减排固碳自主循序实施、生态环境保护与高质量发展协同推进"的生态低碳农业发展总战略。

一、种植业节能减排①

（一）国家和省市政策措施

2022年5月以来，随着《农业农村减排固碳实施方案》的发布，党中央、国务院和各部委、各省（区、市）相继发布有关种植业节能减排的政策文件，简述其政策目标和主要措施。在政策文件中，"美丽中国""绿色低碳转型""碳排放总量和强度双控""碳足迹""甲烷"等成为主要关键词，这表明我国从中央到地方对于加强碳排放双控、推进碳足迹管理及种植业温室气体排放管控的决心。本节梳理了包括党中央、国务院，各部委、省级以及市县级在内的有关节能减排的主要政策文件（见附件）。其中，党中央、国务院的政策文件均为顶层设计层面，各部委和省级政策文件则是细化中央层面的要求，市县级的则更多的是落实上级政策措施，推动区域农业低碳先行先试。

1. 国内外形势分析

（1）国际气候治理全球适应进程对韧性农业提出新目标

《联合国气候变化框架公约》第二十八次缔约方大会（28th Conference of the Parties to the United Nations Framework Convention on Climate Change，COP28）确定了农业与粮食安全领域适应行动目标，即"敦促缔约方在2030年之后逐步实现具有气候韧性的粮食和农业生产以及粮食供应和分配，提高可持续和再生农业生产能力，使所有人都能公平获得充足的粮食和营养"。该目标的提出，对各国未来农业领域保障粮食安全提出了更明确的行动方向，也对我国种植业进一步开展应对气候变化相关工作提供了启示。

（2）CH_4等非CO_2温室气体减排成为国际气候治理关注热点

2021年中美相继签署《中美应对气候危机联合声明》和《中美关于在21世纪20年代强化气候行动的格拉斯哥联合宣言》，这

---
① 执笔人：秦晓波。

表明中美双方共同致力于推动 CH_4 减排的立场。之后，120 多个国家签署"全球甲烷承诺"，承诺到 2030 年，将本国 CH_4 排放降低 30%（相比 2020 年）。2023 年，中美签署《关于加强合作应对气候危机的阳光之乡声明》。一系列行动和宣言预示着 CH_4 等非 CO_2 温室气体成为国际气候治理关注热点，并且后续极有可能形成其他气体特别是 N_2O 的治理动议。国家温室气体清单数据表明，我国非 CO_2 温室气体主要来自农业——全国 37%的 CH_4 和 49%的 N_2O 排放来自农业活动。因此，当前的形势迫使我国对有关政策特别是种植业 CH_4 排放控制相关政策做出调整。

（3）COP28 呼吁农食系统低碳转型

2023 年《联合国气候变化框架公约》缔约方大会 134 个国家签署了《关于韧性粮食体系、可持续农业及气候行动的阿联酋宣言》，阿联酋发起《再生景观行动议程》，敦促扩大再生农业规模，加速农食系统转型。目前，155 个非国家主体签署了《为人类、自然和气候转变粮食体系：共同行动呼吁》倡议，呼吁全球各方采取共同行动推动农食系统转型。实际上，农食系统造成全球 1/3 的温室气体排放，以食物损失和浪费为例，全球每年有超过 10 Gt 的食物在供应链中损失或浪费，相当于浪费了全球 1/4 的农业用水、1/4 的化肥，同时也造成全球 8%左右的温室气体排放。要协同实现保障粮食安全、改善人类福祉、应对气候变化这三大目标，农食系统可持续低碳转型刻不容缓。

2. 党中央、国务院加快推进全社会绿色低碳转型

党的十八大首次提出建设"美丽中国"，强调把生态文明建设放在突出地位，融入经济建设、政治建设、文化建设、社会建设各方面和全过程。2015 年 10 月，党的十八届五中全会上，"美丽中国"被纳入"十三五"规划，这是其首次被纳入国家五年规划。2017 年 10 月 18 日，习近平同志在党的十九大报告中指出，加快生态文明体制改革，建设美丽中国。《中共中央 国务院关于全面推进美丽中国建设的意见》的发布，将更加全面准确贯彻习近平生态文明思想，引领全国农业农村低碳发展战略方向。

2023年12月，《中共中央 国务院关于全面推进美丽中国建设的意见》对我国2027年和2035年绿色低碳、减污降碳、生态环境质量、生态系统服务功能、城乡人居环境等作出决策部署和具体要求，提出大力推动经济社会发展绿色化、低碳化，加快能源、工业、交通运输、城乡建设、农业等领域绿色低碳转型。推动能耗双控逐步转向碳排放总量和强度双控，加强碳排放双控基础能力和制度建设。

3. 各部委、省(区、市) 种植业减排降碳政策措施

2024年2月，农业农村部一号文件发布，提出大力发展生态循环农业。加强农业资源环境保护，推动农业发展绿色转型加强农业面源污染防治。推进化肥农药减量增效。推动农药减量化，推进绿色防控和统防统治融合发展。加强农业废弃物资源化利用。制定生态循环农业实施方案，加快构建生态循环农业产业体系。推广绿色技术促进小循环。加强新型农业经营主体技术培训，推广应用绿色高效品种机具，推进种养结合促进中循环。实施绿色种养循环农业试点，培育一批粪肥还田社会化服务组织，促进种养适配、生态循环。发展绿色经济促进大循环。建设一批生态循环农业生产基地，推动全产业链绿色低碳发展。加快推进国家农业绿色发展先行区建设，开展省级农业绿色发展水平监测评价。

2023年11月，国家发展改革委等部门发布《关于加快建立产品碳足迹管理体系的意见》，提出要制定产品碳足迹核算规则标准，加强碳足迹背景数据库建设，建立产品碳标识认证制度，丰富产品碳足迹应用场景，推动碳足迹国际衔接与互认。之后，生态环境部等部门于2024年5月发布《关于建立碳足迹管理体系的实施方案》，紧扣"双碳"目标任务，分阶段明确碳足迹管理体系的建设目标，明确了2027年和2030年产品碳足迹核算规则标准两步走的方案，即分别出台100个和200个左右重点产品碳足迹核算规则标准，推动产品碳足迹核算规则、因子数据库与碳标识认证制度逐步与国际接轨，实质性参与产品碳足迹国际规则制定。上述碳足迹核算规则政策，进一步推动国家发展改革委等部门2022年发布的《关于加快建立统一规范的碳排放统计核算体系实施方案》的落实，对于农产品等碳足迹核算规则和标准的研发有重要意义。

2023年1月，昆明市政府发布《昆明市"十四五"节能减排综合工作实施方案》，重点任务包括实施节能减排重点工程和健全节能减排政策机制。实施园区绿色低碳循环化改造、城镇绿色节能改造、农业农村节能减排等十大工程，围绕优化完善能耗双控政策措施、完善经济政策和法规标准体系、壮大节能减排人才队伍等七个方面，进一步建立健全节能减排政策机制。同年3—10月，云南楚雄彝族自治州（简称"楚雄州"）和西双版纳傣族自治州（简称"西双版纳州"）相继出台"十四五"节能减排综合行动方案等政策，推动农业绿色低碳发展，示范引领农业数字化发展。2024年6月，上海市闵行区人民政府办公室印发《闵行区2024年碳达峰碳中和及节能减排重点工作安排》，牢固树立和践行"绿水青山就是金山银山"的理念，推进碳达峰碳中和综合管理，尽快推进能源绿色低碳转型，持续巩固提升碳汇能力，积极倡导绿色低碳全民参与，推进绿色低碳区域行动。这些地方性政策文件的发布，有力宣传并推动了国家层面"双碳"政策和行动落实。

（二）行动与成效

1. 碳排放总量和强度双控制度初步推进

2023年底，《中共中央 国务院发布关于全面推进美丽中国建设的意见》发布，旨在推动能耗双控逐步转向碳排放总量和强度双控，加强碳排放双控基础能力和制度建设。农业部门将纳入全经济维度、所有温室气体的减排目标。内蒙古和山东等省（区、市）发布了碳排放双控实施方案等，有力推动了能耗双控向碳排放双控转变。

2023年，中国持续大力推动碳排放强度下降工作。从碳排放总量看，我国碳排放权交易市场规模大，目前纳入重点排放单位超过 2 200 家，年覆盖 CO_2 排放量约 51 Gt，占全国温室气体排放总量的近 40%。截至 2024 年 6 月，全国碳市场碳排放配额（national carbon market carbon emission quota，CEA）累计成交量4.64 Gt，累计成交金额 268.41 亿元。碳排放总量控制有效性强，在第二个履约周期内，配额发放量与实际排放量基本平衡，配额分配盈亏保持在较低水平，配额清缴完成率高达 99.6% 以上。此外，碳排放强度下降速度快，远超预期。2005—2020 年，中国单位 GDP CO_2 排放累计下降约 48.4%，超额完成了中国向国际社会承诺的到 2020 年单位 GDP CO_2 排放比 2005 年下降 40%~45% 的目标。《加快构建碳排放双控制度体系工作方案》指明了建立健全碳排放双控工作机制方向，明确了碳排放双控目标评价考核约束，谋划了碳排放双控实施路径，引导了地方、行业和企业统筹安排碳排放双控工作要点，将提高碳排放双控工作管理效能。我国农业温室气体排放和排放强度呈双降趋势，随着国家政策的调整和科技创新的进步，种植业碳排放双控将进一步有效推进。

2.《甲烷排放控制行动方案》稳步推进

2023 年 11 月 7 日，生态环境部等 11 部门印发《甲烷排放控制行动方案》，明确提出"十四五"和"十五五"期间 CH_4 排放控制目标，这是我国开展 CH_4 排放管理控制的顶层设计文件，也是我国在推进应对气候变化工作过程中又一个里程碑。方案强调将有序推进稻田 CH_4 排放控制。以水稻主产区为重点，强化稻田水分管理，因地制宜推广稻田节水灌溉技术，缩短稻田厌氧环境时间，减少单位稻谷 CH_4 产生和排放。改进稻田施肥管理，推广有机肥腐熟还田。选育推广高产、优质、节水抗旱水稻品种，示范好氧耕作等关键技术，形成高产低排放水稻种植模式。国家和地方一系列实施方案的推出，标志着我国农业农村减排固碳战略及农业温室气体管控行动的全面实施，也为农田 CH_4 和 N_2O 等重点减排领域科技创新研究指明了方向。随后，山西省《推进甲烷排放控制行动实施方案》《广东省甲烷排放控制工作方案》《湖北省甲烷排放控制行动方案》《广西甲烷排放控制实施方案（公开征求意见稿）》《宁夏回族自治区甲烷排放控制实施方案》《大同市推进甲烷排放控制行动工作方案》等省级、市县级 CH_4 排放控制政策相继发布。当前，国际上非 CO_2 温室气体减排动议不断推出，我国为应对国际履约压力也颁布了相关政策，有力回应了全球气候治理面临的挑战，同时，一系列 CH_4 排放管控措施的发布也是推进美丽中国建设的有效手段。

3. 产品碳足迹管理体系逐步建立

2022 年，农业农村部在《农业农村减排固碳实施方案》中提出"建立健全农产品碳足迹追溯体系，打造一批农产品绿色低碳产品品牌"。继国家发展改革委等部门于 2023 年 11 月发布《关于加快建立产品碳足迹管理体系的意见》等文件后，2024 年 6 月，生态环境部等部门印发《关于建立碳足迹管理体系的实施方案》，进一步强调并细化党中央、国务院和国家发展改革委有关产品碳足迹管理体系的有关要求，并在统筹协调、工作落实和宣传解读等方面制定了严密的保障措施，确保相关工作落地见效。碳足迹管理体系的建立，将有利于推动产业升级，助力企业节能降碳，有利于促进绿色消费，扩大低碳产品供给，有利于妥善应对贸易壁垒，提升我国外贸产品竞争力。2024 年 8 月，市场监管总局等部门发布了《关于开展产品碳足迹标识认证试点工作的通知》，并着手组织遴选产品碳足迹标识认证试点参与机构。在上述政策文件的指导下，我国重要农产品碳足迹管理制度和体系也逐步建立。2023 年底，欧盟碳关税进入窗口期，并将于 2026 年 1 月正式起征。欧盟是我国最大的出口市场，农产品在欧盟贸易中占重要地位，碳关税起征预示着我国出口的产品包括农产品都要经过严格的碳足迹标识和认证，这也将敦促我国农产品碳足迹监测、核算与认证的进程。

4. 水稻减排固碳示范行动倡议成效显著

2024 年 5 月，国家农业农村碳达峰碳中和科技创新联盟发起

"水稻减排固碳示范行动倡议",号召实施一批低碳稻作生产技术示范,编制一批低碳稻作技术标准,并形成一套低碳稻作运行管理机制。中国农业科学院农业环境与可持续发展研究所联合湖南省农业科学院和安徽丰原生物科技有限公司等机构,在湖北荆州,湖南长沙,江西宜春,安徽池州,黑龙江齐齐哈尔、建三江等地建立了一系列稻田减排固碳技术研发和示范基地,研发了有机替代(化肥减量)、水肥耦合、增氧耕作、覆膜种植和秸秆秋还田等减排技术,并进行区域推广,对水田温室气体减排固碳增产协同技术的普及具有较强的示范引领效应。中国农业科学院农业环境与可持续发展研究所在湖北江汉平原区域(荆州)研究高效氮肥与控水灌溉技术的温室气体减排、土壤固碳、作物丰产协同效果,在荆州洪湖继续开展高效氮肥与控水灌溉组合的水稻减排高产技术应用示范,示范面积4 000亩[①],单位面积稻田CH_4排放减少24.8%,周年稻谷产量增加14.1%,单位稻谷产量CH_4排放减少35.4%。

(三)小结

2022年《农业农村减排固碳实施方案》发布后,从中央到地方,一系列政策措施的发布,有力推动了种植业节能减排。当前,减排固碳、生态保护与经济发展之间的矛盾依然是实现"双碳"目标的羁绊,也是我国生态低碳农业发展面临的主要问题。此外,农食系统中农林系统分设,不利于大食物观下农业减排固碳的综合统筹;我国农业固碳减排监测、核算、方法与标准体系不完善,也影响对全球气候治理农业议题的应对,使我国很难在涉农议题气候变化谈判和国际规则制定中掌握主动权。

在气候变化全球治理与国家粮食安全的双重战略需求下,种植业节能减排要以资源承载力和生态环境容量为约束条件,重点解决好"人-地-粮"和"水-能-粮"的关系,保障粮食和重要农产品稳定安全供给,促进农业农村低碳发展、农业农村生态环境

[①] 1亩 ≈ 667 m^2,15亩 = 1 hm^2。全书同。

友好改善和韧性农业的协同实现。在坚持"科技创新强力支撑、资源利用高效集约、温室气体与污染物排放协同遏制、减排固碳与产能提升协同双赢"的基础上，实施"主粮安全供给、减排固碳自主循序实施、生态环境保护与高质量发展协同推进"的生态低碳农业发展战略，稳步推进种植业节能减排。

二、畜牧业减排降碳[①]

（一）国家和省市政策措施

1. 国际上畜牧业减排降碳政策措施

随着各国"双碳"目标承诺的提出，围绕畜牧业碳减排相关工作逐步受到重视，逐渐由点上加快转向系统推动。2019年，欧盟实施《欧盟绿色新政》，明确支持农业循环经济，提出对土壤固碳措施进行补贴。2020年连续公布《从农场到餐桌战略》《欧盟甲烷减排战略》，提出投入100亿欧元用于农业、渔业、水产养殖等领域的研发创新，加速农业绿色和数字化转型，提出了5项农业CH_4减排行动计划，要求开展畜牧业CH_4排放量的生命周期方法，组织编制最佳实践和可用技术清单，并制定温室气体排放量和清除量定量计算准则，推进畜牧业碳减排。德国通过了《气候保护法》，制定了《气候保护计划2030》，明确农林领域减排固碳的10项措施，如鼓励农业废弃物沼气发电利用和沼液密闭式储存、促进农业生产节能和可再生能源使用等。2019年，英国农场主联合会提出 Achieving Net Zero：Farming's 2040 Goal，针对畜牧业减排提出了使用抑制剂提高粪肥氮利用率、使用饲料添加剂减少反刍家畜的CH_4排放、推广厌氧消化技术、开展抗病基因编辑提升防疫和减排水平等具体措施。2021年，美国牛养殖及牛肉协会（American Cattle and Beef Association，NCBA）在可持续发展报告

[①] 执笔人：朱志平。

中提出，将通过基因优化、养殖管理、粪便处理等措施促进美国牛养殖行业到2040年达到碳中和。2022年，联合国粮食及农业组织（FAO）进一步推出了全球畜牧业温室气体排放评估新版本，实现了畜牧业碳排放高度详细的可视化和分析。欧盟依托2021—2024年"地平线欧洲"资助计划，开发CH_4减排科技攻关。荷兰皇家帝斯曼集团推出一种名为Bovaer的饲料添加剂，可减少奶牛CH_4排放量30%，但仅限于饲养场动物。

2. 中国畜牧业减排降碳政策措施

2020年9月22日，习近平主席在第七十五届联合国大会上宣布，中国力争2030年前CO_2排放达到峰值，努力争取2060年前实现碳中和目标。2020年，我国温室气体减排目标经过了从相对减排目标到绝对减排目标的跨越，经历了从CO_2减排目标到非CO_2减排目标的扩展。作为CH_4等非CO_2温室气体的重要来源，包括畜牧业在内的农业活动温室气体减排开始受到关注。2021年10月24日，《中共中央 国务院关于完整准确全面贯彻新发展理念做好碳达峰碳中和工作的意见》发布，该文件是我国碳达峰碳中和"1+N"政策体系中的"1"，对碳达峰碳中和这项重大工作进行系统谋划、总体部署；2021年10月24日，国务院印发《2030年前碳达峰行动方案》，明确各地区、各领域、各行业目标任务，加快实现生产生活方式绿色变革，推动经济社会发展建立在资源高效利用和绿色低碳发展的基础之上，确保如期实现2030年前碳达峰。

2022年5月，农业农村部和国家发展改革委联合印发《农业农村减排固碳实施方案》；在畜牧业方面，提出畜牧业减排降碳的重点任务，重点推广精准饲喂技术，推进品种改良，提高畜禽单产水平和饲料报酬，降低反刍动物CH_4排放强度。提升畜禽养殖粪污资源化利用水平，减少畜禽粪污管理的CH_4和N_2O排放。实施畜禽低碳减排行动。推动畜牧业绿色低碳发展，以畜禽规模场为重点，推广低蛋白日粮、全株青贮等技术和高产低排放畜禽品种，改进畜禽饲养管理，实施精准饲喂，降低单位畜禽产品肠道CH_4排放强度。改进畜禽粪污处理设施设备，推广粪污密闭处理、气体收集利用或处理等技术，建立畜禽粪污资源化利用台账，探索实施畜禽粪污养分平衡管理，提升畜禽粪污处理水平，降低畜禽粪污管理的 CH_4 和 N_2O 排放。涉及的相关目标是到 2025 年，养殖业单位农产品排放强度稳中有降；到 2030 年，畜牧业反刍动物肠道发酵、畜禽粪污管理温室气体排放强度进一步降低。

2023 年 11 月 7 日，生态环境部等 11 部门联合印发《甲烷排放控制行动方案》，方案中提出研究建立 CH_4 排放核算、报告和核查制度；推动养殖场等大型排放源定期报告 CH_4 排放数据。推动畜禽粪污资源化利用。以畜禽规模养殖场为重点，改进畜禽粪污处理设施设备，推广粪污密闭处理、气体收集利用或处理等技术，建立畜禽粪污资源化利用台账，探索实施畜禽粪污养分平衡管理，提升畜禽粪污处理水平。因地制宜发展农村沼气，鼓励有条件地区建设规模化沼气/生物天然气工程，探索沼气/生物天然气终端利用激励约束机制，推进沼气集中供气供热、发电上网以及生物天然气车用或并入燃气管网等应用。到 2025 年，畜禽粪污综合利用率达到 80% 以上，2030 年达到 85% 以上。科学控制肠道发酵 CH_4 排放。以畜禽规模养殖场为重点，选育推广高产低排放畜禽品种，推广低蛋白日粮、全株青贮等技术，合理使用基于植物提取物、益生菌等饲料添加剂和多功能营养舔砖，改进畜禽饲养管理，实施精准饲喂，探索高产低排放技术模式，引导降低单位畜产品的肠道 CH_4 排放。

党的二十届三中全会公报中提出要健全绿色低碳发展机制。2024 年 7 月，国务院办公厅印发《加快构建碳排放双控制度体系工作方案》，要求将减碳任务压实到各级、各部门工作中，建立健全地方碳考核、行业碳管控、企业碳管理、项目碳评价、产品碳足迹等政策制度和管理机制，明确了具体工作路径。

3. 各省(区、市) 畜牧业减排降碳政策措施

全国省级层面也高度重视农业温室气体减排的技术研究，已有

13个省（区、市）的农业农村厅组织相关部门制定了省级层面的农业农村减排固碳实施方案，各省（区、市）根据畜禽养殖水平和粪污资源化利用情况，制定适合本区域的目标畜牧业减排固碳实施目标。其中，山西、辽宁、江西、湖南、重庆、云南和陕西7省（市）的目标基本一致，它们提出到2025年，养殖业单位农产品温室气体排放强度稳中有降，畜禽粪污综合利用率达到80%；广东和四川的目标是到2025年，养殖业单位农产品排放强度稳中有降，畜禽粪污综合利用率达到80%以上，2030年达到85%以上；吉林提出到2025年，养殖业单位农产品温室气体排放强度稳中有降，畜禽粪污综合利用率达到85%以上；广西提出到2025年，养殖业单位农产品排放强度稳中有降，畜禽粪污综合利用率达到88%以上；福建提出到2025年，养殖业单位农产品温室气体排放强度稳中有降，畜禽粪污资源化综合利用率提高到93%；北京提出的目标最高，为到2025年，养殖业单位农产品排放强度稳中有降，畜禽粪污综合利用率达到95%以上。此外，还有7个省（区、市）从省级层面制定了CH_4排放控制行动方案。其中，安徽、广东和宁夏3省（区）的目标一致，具体是到2025年，养殖业单位农产品CH_4排放强度稳中有降，到2030年，CH_4排放持续稳步下降，养殖业单位农产品CH_4排放强度进一步降低；山西、湖北和贵州3省的目标是到2025年，养殖业单位农产品排放强度稳中有降，畜禽粪污综合利用率达到80%；广西提出的目标是到2025年，养殖业单位CH_4排放强度稳中有降，畜禽粪污综合利用率达到88%以上。

（二）行动与成效

1. 畜牧业高质量和绿色发展水平稳步提升

"十四五"以来，各级农业农村（畜牧兽医）部门坚决贯彻党中央决策部署，截至2023年，全国畜禽养殖规模化率达到73.2%，较2022年度规模化率增加3个百分点，畜牧业生产能力再上新台阶，动物疫病防控有力有效，绿色转型步伐加快，产业素质明显提升，畜产品供给和质量安全更有保障。坚持源头减量、过程控制、末端利用一体化，实施养殖业节粮保供行动，大力发展设施畜牧业，深化畜禽养殖废弃物资源化利用，推动畜牧业转型升级，坚定不移走绿色发展道路；强化全链条智慧监管，提升安全生产水平，持续夯实现代畜牧业的支撑保障体系。

2. 畜产品增产保供能力不断提升

我国主要畜禽产品产量总体呈上升趋势，随着规模化和集约化养殖的推广，现代畜牧业的产业体系、生产体系、经营体系基本形成。肉蛋奶产量持续增长，单产水平不断提升。2023年，猪肉产量5 794万t、牛肉产量753万t、牛奶产量4 197万t、羊肉产量531万t、禽肉产量2 563万t和禽蛋产量3 563万t，分别较2022年增长4.6%、4.8%、6.7%、1.3%、4.9%和3.1%。

3. 持续实施畜禽粪污资源化利用整县推进工程

以实施整县推进工程为抓手，不断提升设施装备水平；以粪肥科学还田利用为方向，打通利用渠道；以全链条长期定位监测为基础，探索科学发展路径；以降低养分损失为重点，协同推进气体减排，加快实现畜禽粪污"变废为宝"；逐步完善综合利用制度机制，改造提升处理设施设备，建设粪肥还田利用示范农田。截至2023年年底，全国畜禽粪污综合利用率达到79.4%，较2022年增长1.1%，种养结合农牧循环发展新格局初步形成。

4. 畜牧业温室气体监测核算报告和核证方法体系逐步建立

2024年9月，《温室气体排放核算与报告要求 第22部分：畜禽养殖企业》（GB/T 32151.22—2024）获得批准发布，于2025年4月1日实施，该标准规定了我国畜禽养殖企业在生产管理过程中产生温室气体排放的核算边界、计量与检测要求、核算步骤与核算方法、数据质量管理、报告内容和格式等内容，是农业领域企业开展温室气体核算和报告的第一个国家标准，为农业农村领域减排固碳重大行动和效果评估提供了有力的科技支撑。2024年10月26日，《温室气体 产品碳足迹量化方法与要求 畜产品》

国家标准正式发布，该标准将于2025年5月1日起正式实施。该标准确立了畜产品碳足迹核算的原则、目的和范围，并提供了详细的量化方法和报告要求。该标准规定了不同畜产品的功能单位和系统边界，明确了生命周期内各阶段的温室气体排放核算内容，包括饲料种植加工、养殖场生产、产品加工以及包装等环节。同时，该标准还提供了数据收集、核算步骤和具体核算方法的详细指导，以及畜产品碳足迹核算报告的撰写要求。作为农业领域的首个碳足迹国家标准，标志着我国在推动畜牧业绿色低碳转型方面迈出了重要一步。

（三）小结

我国高度重视畜牧业绿色低碳发展，《农业农村部减排固碳实施方案》《甲烷排放控制行动方案》等专门政策的发布，有力推动了畜牧业废弃物资源化利用与减排降碳协同，畜牧业绿色低碳发展取得积极成效。但是在实施层面，仍缺乏有效的评估技术和监测手段，应进一步制定和完善畜牧业温室气体的监测测量标准体系，支持企业开展减排技术应用与效果评估，同时积极推广应用减排效果明显的减排技术，不断提升畜牧业减排降碳的效果。

三、渔业减排增汇[①]

（一）国家和省市政策措施

在"双碳"目标背景下，农业农村部、生态环境部、自然资源部等有关部委相继发布了一系列措施举措，推动行业节能降碳工作。2021年农业农村部印发的《"十四五"全国渔业发展规划》等系列措施，提出"减产转产及渔船更新改造工程"任务，该专项任务中明确"支持资源破坏强度大的渔船更新改造为资源友好型捕捞渔船，开展新能源渔船建设，推动渔船节能减排"的要求，

---

① 执笔人：张成林、郑建丽。

渔业减排增汇方面要挖掘渔业减排碳汇潜力，为实现碳达峰、碳中和作出渔业贡献。2022年，自然资源部等部门联合印发《生态系统碳汇能力巩固提升实施方案》，生态环境部、农业农村部出台《关于加强海水养殖生态环境监管的意见》。2018年，环境保护部、国家质量监督检验检疫总局出台了包括渔船在内的《船舶水污染物排放控制标准》（GB 3552—2018），规定了船舶含油污水、生活污水的污染物排放控制要求和监测要求，含有毒液体物质的污水和船舶垃圾的排放控制要求，以及标准的实施与监督等内容。随后，《海洋碳汇核算方法》（HY/T 0349—2022）、《地方水产养殖业水污染物排放控制标准制订技术导则》（HJ 1217—2023）等行业标准陆续发布实施，指导渔业减排增汇工作的具体实施。

在中央工作指导下，各地方政府也越来越重视渔业减排增汇工作，部分省（区、市）在渔业碳汇政策制定和出台上也已积极响应，陆续发布系列地方性措施办法，浙江、山东等地在控制水产养殖污染方面出台多项政策与规范，福建、山西、河北等地在渔业固碳增汇方面发布地方配套政策措施，积极推进当地渔业碳汇扩增产业发展。2018年，江苏发布了《太湖流域池塘养殖水排放要求》（DB32/T 1705—2018），规定了太湖流域池塘养殖水排放的适用范围、排放要求方法。

（二）行动与成效

1. 鼓励建造新材料新能源渔船

2017年浙江成立了国家渔业装备科技创新联盟（以下简称"联盟"），这是渔业装备领域集"产、学、研、用"于一体的产业综合体。2020年，农业农村部发布《关于做好舟山玻璃钢等新材料渔船试点准备工作的函》。试点的主要任务是全面落实玻璃钢渔船建造任务，努力构建玻璃钢渔船建造的标准化体系、全流程管控体系和社会化服务体系。为此，联盟于2020年成立咨询委员会、专业委员会和团体标准化技术委员会，拉开了新材料船舶标准化进程的序幕。依托科研院所和行业领军企业，在新材料渔船标准体系构建、新工艺引领、新船型示范等方面，为推进渔船高质量发展提供了技术支撑。

2. 评估典型深远海养殖模式碳排放量

作为深远海养殖的典型装备，大型养殖工船具有集约化、规模化海上养殖及综合渔业生产功能，能够应对不同海域环境与资源条件、不同养殖与渔业生产需求，将海水养殖从近岸向更深、更远海域拓展。在全球环境与气候变化问题日益突出的背景下，低碳经济成为各国政府应对当前气候变化的战略选择，挖掘深远海养殖减碳、降碳途径成为渔业高质量发展的必然选择。

3. 研发节能环保型紫菜采收工船

大连海洋大学、中国水产科学研究院黄海水产研究所、河海大学结合紫菜养殖模式，联合研制了基于高密度聚乙烯紫菜采收工船，该工船船体采用以高密度聚乙烯为材料的双体船；刈割刀具采用电动驱动和液压驱动2种，有效降低作业过程中的能源消耗与噪声污染；采用简易的翻板式/滑轨式2种挑帘架。该工船集新材料船型、精准刈割机、高效收集等功能于一体，提升船载紫菜采收装备的作业效率，减轻能源损耗和环境污染，且采收效率提高1倍、采净率达90%以上，效率可达1.5~2 t/h，伤菜率降低10%，符合我国采收装备减碳技术发展趋势，具有良好的推广应用前景。此外，还有其他团队研发的ZS160-1.8型紫菜采收机，采收效率可达1 700~2 000 m^2/h；液压多段滚刀式紫菜采收机也取得了良好的采收效果。

（三）小结

随着国家高度重视碳汇渔业发展，大力发展稻渔综合种养、大水面生态渔业、多营养层次综合养殖等生态健康养殖模式，减少 CH_4 排放。有序发展滩涂和浅海贝藻类增养殖，建设国家级海洋牧场，构建立体生态养殖系统，增加渔业碳汇潜力。推进渔船渔机节能减排。在碳汇渔业的养殖技术、发展模式、市场构建和激励措施等众多方向的研究也逐渐兴起。但在实施层面，目前还缺乏有效的评估技术和监测手段，应进一步补贴企业开展减排技术应用，引导社会资本发展增汇渔业，同时积极推广应用减排效果明显的技术，不断提升渔业减排降碳的效果。

四、农田和草地固碳扩容[①]

（一）国家和省市政策措施

1. 国际形势分析

农田碳汇被认为是支撑全球粮食生产、减缓气候变化和增强农业气候韧性的核心路径。2016年，全球178个缔约方共同签署了以应对气候变化为核心的《巴黎协定》，提出在21世纪下半叶实现温室气体人为排放量与汇的清除量达到平衡。COP28会议重点关注气候变化下农食系统转型，明确强调农食系统对于实现《巴黎协定》气候目标至关重要，要求加强韧性粮食体系与可持续农业建设，农田固碳扩容是其中的重要内容。从国家层面看，许多国家高度重视农田固碳扩容并制定相关政策措施。美国于2020年和2021年先后出台 Solving the Climate Crisis: The Congressional Action Plan for a Clean Energy Economy and a Healthy, Resilient, and Just America、Agricultural Innovation Agenda，明确提出将"投资美国农业以解决气候问题"作为重要行动之一，鼓励农业生产者实施气候智慧型农业，促进农田土壤固碳。欧盟于2021年发布《欧盟碳农业实施计划》，规划了碳农业支付计划，以激励农业领域管理者的低碳生产和实行基于自然的脱碳方式，包括扩大有机耕作面积和农田修复等固碳措施。日本自2020年起先后推出《绿色增长战略》《全球变暖对策推进法》《气候变化适应计

---

① 执笔人：李虎、常乃杰、康佳浩、刘丽。

划》，政策目标包括积极推进农田固碳技术、增强粮食生产应对气候变化的能力和稳产保供的能力等。此外，俄罗斯、印度以及荷兰等国家均为农田固碳扩容作出了巨大努力并获得一定成效。因此，农业的独特性使其成为应对气候变化工作的中心之一，增加农田土壤有机碳储量和固碳能力是世界各国普遍关注的热点问题。

2. 国内政策措施

近年来，中国政府高度重视农田固碳扩容工作，发布了一系列指导性文件。《2030年前碳达峰行动方案》《"十四五"全国农业绿色发展规划》《"十四五"推进农业农村现代化规划》等纲领性文件确定了农田固碳扩容在我国"双碳"目标中的重要地位，充分论述了农业绿色转型、现代化转型过程中实施农田固碳扩容的必要性，全面强化了农田固碳扩容工作的顶层设计，具有重要的引领作用。农业农村部和国家发展改革委于2022年5月联合印发《农业农村减排固碳实施方案》，为开展农田固碳扩容工作指明了前进方向并提供了具体指导。随后，各省（区、市）在此基础上编制了省级实施方案，在政策目标和主要措施方面充分考虑和展现了自身定位和区域特色。例如，东北地区依托黑土地保护工程开展农田固碳扩容工作，广西立足糖料生产重点区域定位设立糖料蔗生产保护区。此外，农业农村减排固碳十大技术模式、《全国高标准农田建设规划（2021—2030年）》等为农田固碳扩容的具体实施提供了标准参考和技术指南。

（二）行动与成效

1. 推进秸秆科学还田

农作物秸秆还田是提升耕地质量、推动农业绿色低碳发展的重要举措。中国政府十分重视秸秆科学还田利用，从政策制定、技术指导、监测评价与设施建设等多层面构建了全流程的秸秆科学还田推进保障体系。农业农村部连续多年发布关于做好农作物秸秆综合利用工作的通知并在关键农时节点发布农作物秸秆科学还田指导意见，依据不同地区的气候情况、种植特点等科学设置还田方式及配套管理措施，以最大限度发挥秸秆还田的固碳效能。在秸秆资源量较大县遴选重点县，建设秸秆科学还田示范基地，并组织各级秸秆还田专家指导组下沉一线开展技术培训，典型模式不断涌现，示范引领作用持续增强，农技推广走向纵深，使农户愿还田、会还田。为做好监测评价工作，摸清秸秆资源量并掌握利用情况，农业农村部自2019年起建立国家、省、市、县四级秸秆资源数据平台，逐年形成秸秆资源台账，合理布设秸秆还田生态效应监测点位，为上述政策制定、科学统筹优化等提供了坚实的数据支撑。

（1）秸秆还田典型模式不断涌现

东北高寒区玉米秸秆深翻养地模式、西北干旱区棉秆深翻还田模式、黄淮海地区麦秸覆盖玉米秸旋耕还田模式、黄土高原区少免耕秸秆覆盖还田模式、长江流域稻麦秸秆粉碎旋耕还田模式、华南地区秸秆快腐还田模式、秸—饲—肥种养结合模式、秸—沼—肥能源生态模式、秸—菌—肥基质利用模式以及秸—炭—肥还田改土模式等多元化、特色化的秸秆科学还田模式，有效加强了成熟适用的秸秆综合利用模式推广力度。

（2）秸秆还田比例稳步提高

2021年秸秆综合利用率达88.1%，其中肥料化利用率占比60%，秸秆还田量达4亿t，"农用为主，五化并举"的格局已经基本形成。

（3）固碳增产效果逐步显现

根据农业农村部在全国主要农区32个点位的监测结果，秸秆还田后土壤有机质平均增幅在5%~7%，作物增产幅度在2.0%~4.5%。推进秸秆科学还田充分发挥了秸秆的沃土功能，对于保障我国粮食安全和稳定气候变化具有重要意义。

2. 推进化肥减量与有机肥配施

为进一步推进科学施肥、促进化肥减量增效，农业农村部分别于2015年和2022年印发《到2020年化肥使用量零增长行动方案》《到2025年化肥减量化行动方案》，明确指出应推动有机无机结合，增施有机肥以多元替代减量增效。根据我国畜禽养殖量大、粪污资源量多的特点，《关于推进畜禽粪污资源化利用标准体系建设的指导意见》指出，应以推动畜禽粪肥就地就近还田利用为重点。广泛施用有机肥不仅能够"变废为宝"，还可改善土壤结构，提高土壤固碳能力。推出《畜禽粪肥还田技术规范》等标准规范，为粪肥还田提供了规范保障。各地政府和企业积极响应号召，加快研发粪肥还田利用技术装备，开展粪肥还田利用观摩交流会，助力打通畜禽粪肥还田利用"最后1公里"。

（1）化肥减量与肥料利用率提高

通过推广测土配方施肥和有机肥替代化肥等措施，有效遏制化肥施用量的连增势头。如图2-1所示，2023年全国农用化肥施用量5 021.7万t，相比2015年和2020年分别降低16.6%和4.4%，连续8年保持下降趋势。2022年，全国水稻、小麦、玉米三大粮食作物化肥利用率为41.3%，相较于2020年提高1.1%。

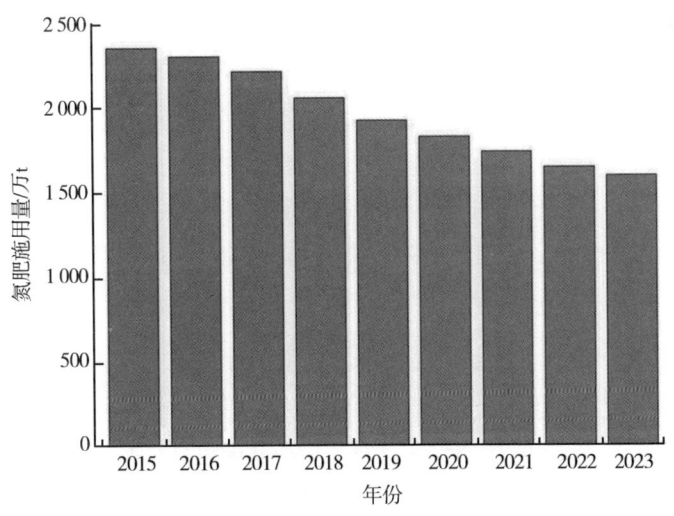

图2-1　2015—2023年中国氮肥施用量

（数据源自《中国统计年鉴2024》）

(2) 施肥方式不断改进

各级农业部门根据"大配方、小调整"原则，因地制宜发布肥料配方3万余个，发放施肥建议卡和技术资料4 000余万份，测土配方施肥技术覆盖率保持在90%以上，配方肥占三大粮食作物施肥总量的60%以上，盲目施肥和过量施肥现象得到基本遏制。有机肥施用面积超过36 666.7千公顷次。

(3) 形成一批畜禽粪污资源化利用的主推技术与典型案例

推介发布规模以下养殖场（户）畜禽粪污资源化利用十大主推技术与典型案例，包括沤肥、反应器堆肥、条垛堆肥、贮存发酵等，加快实用技术供给，发挥了典型引路作用。全国畜禽粪污综合利用率超过76%，规模化养殖场粪污处理设施装备配套率稳定在97%以上。

3. 推进黑土地保护性耕作推广应用

保护性耕作是一种以农作物秸秆覆盖还田、免（少）耕播种为主要内容的现代耕作技术体系，能够有效减轻土壤风蚀水蚀、增加土壤固碳潜力。针对我国东北地区黑土流失问题，农业农村部、财政部联合印发《东北黑土地保护性耕作行动计划（2020—2025年）》。通过组织整县推进稳步扩大实施面积和推动规模化高质量发展。聚焦黑土地保护利用重大科学问题，坚持科技创新驱动黑土地保护，"黑土地保护与利用科技创新"被纳入"十四五"国家重点研发计划"揭榜挂帅"榜单，推动了黑土地保护理论创新、技术集成与示范应用。持续增强资金支持力度，不断壮大实施主体，《辽宁省2024年黑土地保护性耕作实施方案》提出，对采取保护性耕作的各类农业生产经营主体最高给予不超过90元/亩的作业补助，通过组织组建专家指导组下沉一线开展农民培训以及布设长期监测点等强化技术应用，引导科研单位、机械制造企业、材料工业企业集中优势力量，共建保护性耕作装备创新联盟和研发平台，提升装备能力。同时加快培育新型农业经营主体并鼓励农业社会化服务组织与农户建立稳固的合作关系，保障保护性耕作的规范化、高效化推进。

(1) 黑土地保护性耕作面积持续稳步提升

自 2020 年实施推广应用保护性耕作技术以来，东北四省（区）已累计在 223 个项目实施县实施保护性耕作 2.01 亿亩次，2022 年实施面积达到 8 300 万亩，超额完成 8 000 万亩任务面积。共建设了 56 个整体推进县和 712 个县乡级高标准应用基地，25 个县实施面积超过 100 万亩，东北四省（区）以点带面、梯次铺开的态势已经形成。

(2) 黑土地保护利用典型技术模式不断涌现

吉林初步构建"东部固土保肥、中部提质增肥、西部改土培肥"黑土地保护路径，探索形成退化黑土保育技术、玉米秸秆深翻还田滴灌减肥技术、坡耕地保土提质综合技术、米豆轮作黑土地保护培肥技术等多项黑土地保护利用技术，打造了黑土地保护性利用的"梨树模式"。

(3) 固碳扩容效益逐步显现

中国科学院东北地理与农业生态研究所长期定位监测数据显示，吉林黑土区 2016—2021 年耕层厚度提升 1 cm，连续实施保护性耕作 5 年后，表层 20 cm 土壤有机质含量增加 10%，10 年后增加 21%，15 年后增加 52%，有机质含量从 28.28 g/kg 提升至 43.02 g/kg，促进了黑土地的"用养结合"。

4. 草地碳汇能力巩固提升行动有序进行

"双碳"承诺重大宣示四周年，国家发展改革委进行成效发布，"碳达峰十大行动"取得了积极进展，十大行动之一碳汇能力巩固提升行动有序进行，其主要包括以下 3 个方面。①生态系统固碳作用。以绿色低碳为导向优化空间布局，加强生态保护红线监管和保护成效评估，推进落实草原禁牧休牧和草畜平衡制度等措施稳定林、草、湿等生态系统固碳作用。据测算，目前我国林草年碳汇量超过 1.2 Gt CO_2e，居世界首位。②生态系统碳汇能力提升。大力实施"三北"等生态保护修复重大工程，统筹推进防沙治沙、退化草地保护修复等。率先实现土地退化"零增长"、荒漠化土地和沙化土地面积"双减少"。③生态系统碳汇基础。建立健全林草碳汇计量监测评估体系，深入开展碳汇能力和潜力调查研究。以巩固提升林草碳汇能力为目标，在18个市（县）和21个国有林场开展森林碳汇试点。2023年发布首批碳达峰试点，包括25个试点城市和10个园区。四川省甘孜藏族自治州（简称"甘孜州"）多举措并举推进林草碳汇试点工作，林草碳汇成效明显。通过强化资源保护力度，实施重点区域生态保护和修复专项、中央造林补贴等生态修复项目，保护修复森林、草原、湿地生态系统，提升生态系统固碳能力。《2023年甘孜州植被固碳能力气象遥感监测分析报告》显示，近21年森林和草地生态系统固碳能力较强并持续提高，二者均表现为碳汇作用，净生态系统生产力指数年增长速率分别为 2.47 g/m^2 和 2.03 g/m^2。

（三）小结

农田固碳扩容已被纳入《2030年前碳达峰行动方案》《"十四五"推进农业农村现代化规划》等顶层设计政策体系中，是保障我国粮食安全和增强农业应对气候变化能力的基础支撑，也是推动我国实现"双碳"目标和农业农村现代化的重要抓手。"十四五"以来，农业农村部多次出台农田固碳扩容相关政策，包括《关于加快农业发展全面绿色转型促进乡村生态振兴的指导意见》《农业农村减排固碳实施方案》等，各省市县也纷纷制定地方细则，在立足地方特色的同时开展地方性的先行先试。总体来看，我国通过开展秸秆还田、化肥减量与有机肥配施和黑土地保护性耕作等关键行动，有效遏制了部分地区农田有机质的下降趋势，农田有机质含量和固碳能力得到显著提升，但农田碳汇潜力尚未充分挖掘，有机质水平仍有较大的提升空间。因此，在人口增长、饮食结构转变与气候变化等对粮食安全保障能力提出更高更严格要求的情况下，应当进一步强化政策支持与制度保障，出台专门针对农田土壤健康和固碳扩容的政策文件，明确目标、任务和实施路径；优化农业生产与管理方式，充分利用和发挥先进传感器、无人机、大数据分析等现代信息技术优势，实现农业精准化与智慧化；构建合作平台与公众参与机制，加强农民教育与培训，加大新型农业经营主体支持力度，探索多元化融资渠道与支持模式，构建农田碳汇交易平台等。推动政策制定、科技创新与农业管理深度融合，不断提升固碳技术水平，挖掘农田碳汇能力，提高农田有机质含量。

五、农机节能减排[①]

（一）国家和省市政策措施

发展高效、安全的现代生态农业是中国农业现代化建设的重要目标。在中国农业现代化建设中，影响农业资源可持续发展的主要因素是土、种、肥、药、水。农业机械化是农业现代化的重要内容和标志之一，提高农业机械化水平，是促进中国农业资源可持续发展的重要途径之一。与发达国家相比，中国农业投入品利用率偏低。一是化肥总用量达5 700万t，居世界第一位。氮肥当季利用率只有30%~35%，低于世界发达国家20个百分点。二是农药利用率只有30%左右。联合国粮食及农业组织数据显示，2013年中国商品农药总量达183万t，单位面积农药用量是美国的2.3倍，杀虫剂用量是美国的14.7倍，若不加以控制，到2030年农药用量将达到221万t。另外，水资源短缺已成为全球食物安全的主要制约因素，2030年世界人口将达83亿，粮食需求达29 Gt，按现在用水效率计算，农业灌溉用水需增加30%（现在约为300万m^3），缺口达75万m^3。中国制定了2030年农业灌溉水利用率达到0.60以上的目标，但在现有农业用水方式下大规模提升用水效率遇到了技术瓶颈。

农业的可持续发展，归根结底是资源和环境的可持续发展，必须以节约资源和保护生态环境为前提。提高农业机械化水平，对实现农业现代化、提高农业资源利用率和促进农业可持续发展

[①] 执笔人：常春、于昭洋。

具有重要的意义。通过农机化装备和技术的研发应用，可有效降低种植、养殖等领域碳排放。首先，通过研发耕种环节联合作业装备和技术，如耕整—播种—施肥联合作业，能够有效降低对土壤的扰动，减少土壤有机碳流失，提高土壤质量和固碳能力。其次，通过绿色农机化生产和综合利用技术模式的研发和应用，可以有效兼顾农业减排和粮食安全。最后，在农机作业环节，可通过低能耗高效率农机装备和关键部件、农机智能调度系统的开发和应用，以及用电能、太阳能等新能源装备替代传统装备等方式降低碳排放。

国家出台了《关于加力支持大规模设备更新和消费品以旧换新的若干措施》《关于加大工作力度持续实施好农业机械报废更新补贴政策的通知》《关于加大工作力度持续实施好农业机械报废更新补贴政策的补充通知》《2024—2026年农机购置与应用补贴实施意见》等多项政策，推进农机报废更新，加快老旧收获、插秧、植保、脱粒等机械淘汰升级；做好农机排放"国三"升级"国四"相关技术支撑；推动拖拉机配备动力换挡变速箱、负荷传感式液压系统、北斗卫星导航等装置，降低油耗、废气排放、噪声，提升牵引效率和作业精度；大力推广节能农机，因地制宜推广高喂入量联合收割机、大中型自走式植保机械、植保无人机等农业机械，降低收获籽粒损失率，提高农药利用率，提升工作效率。同时，大力开展农机人才培训，促进先进农机技术推广应用。

（二）行动与成效

1. 推进农机报废更新，加快老旧农业机械淘汰升级

随着农业机械使用年限的增加，技术性能不断下降，老旧农机具的存在阻碍了我国发展节能减排、环保的高性能农机装备的进程。为进一步加大耗能高、污染重、安全性能低的老旧农机淘汰力度，加快先进适用、节能环保、安全可靠农业机械的推广应用，努力优化农机装备结构，推进农业机械化转型升级和农业绿

色发展，农业农村部办公厅、国家发展改革委办公厅、财政部办公厅联合印发《关于加大工作力度持续实施好农业机械报废更新补贴政策的补充通知》，提出要持续实施好农机报废更新补贴政策，加力推进老旧农机报废更新，加快农机结构调整。通知要求：一要扩大报废补贴范围。各省可在现行农机报废补贴规定的拖拉机、播种机、联合收割机（含粮棉油糖等作物联合收割所用机械）、水稻插秧机、农用北斗辅助驾驶系统、机动喷雾（粉）机、机动脱粒机、饲料（草）粉碎机、铡草机9个农机种类基础上，聚焦保障粮食和重要农产品稳定安全供给，结合实际自行确定不超过6个机具种类新增纳入报废补贴范围。二要提高报废补贴标准。报废20马力（1马力=735 W）以下拖拉机，单台最高报废补贴额由1 000元提高到1 500元；报废联合收割机、水稻插秧机、播种机并新购置同种类机具，按不超过50%提高报废补贴标准；报废并更新购置采棉机，单台最高报废补贴额由3万元提高到6万元。对自该通知印发之日起提交报废补贴申请的，按调整后的报废补贴标准执行。此外，该通知要求，各省有关部门要管好用好支持农机报废更新的超长期特别国债资金和2024年中央财政已下达的农机报废更新相关资金，支持老旧农机报废补贴和报废并购置同种类机具更新补贴兑付。要优化补贴申请和资金兑付流程，增加结算批次，加快补贴兑付，2024年底前对符合条件的补贴申请及时完成录入和兑付。要进一步优化完善农机报废回收拆解工作流程，对提高补贴标准的机具要专门制定监管措施并进行严格监管。要推动加强农机报废回收拆解体系建设，加快农机回收拆解企业培育和网点布局。要加强监督检查，切实防范风险，严厉打击骗补套补等违法行为。

以江苏省为例，江苏省农业农村厅等部门联合印发《关于加力推动农机报废更新补贴政策实施的补充通知》，进一步明确了报废联合收割机、播种机、水稻插秧机三类机械并同时新购置同种类机具的，在基本政策报废补贴额基础上再提高50%。在政策支持下，2024年1—10月江苏省农业机械报废更新4.27万台，其中报废耗能高、污染重、安全性能低的农机 9 745 台,新购置先进适用、节能环保、安全可靠农机 3.29 万台,进一步推进了农业机械化转型升级和农业绿色发展,同时拉动了消费 36.8 亿元。在新疆喀什地区,2024 年已报废各类农业机械 1 673 台,受益户达 1 563 户,兑付农机报废补贴 593.37 万元,对推动喀什地区农机节能减排和农业绿色发展、优化农机装备结构意义重大。

2. 保障农用柴油机排放标准提升

随着我国农机化快速发展,中型、大型高效农机装备广泛使用,预计到 2025 年全国农业机械总动力将达到 11 亿 kW,农业机械总动力的不断提高导致农机作业碳排放持续增加。我国严格规定农用柴油机的排放标准,大力实施农用柴油机排放标准由"国三"升"国四",对氮氧化物、碳氢化物及固体物的排放限值提出了更严格要求。"国四"标准要求引入排气后处理技术,针对不同功率段发动机在机外加装颗粒捕集器、选择性催化还原装置、氧化型催化转化器或废气再循环系统等,同时,要求加装排放控制系统检测装置及其远程在线监控和定位装置,实现排放故障的远程检测、控制和定位。农用柴油机排放标准由"国三"升"国四",是技术的一次系统性升级,大幅减少农业 CO_2、氮氧化物等温室气体排放,有利于加快推动农业机械向绿色、高端转型发展。

农用柴油机由"国三"升至"国四"行动取得了显著成效。一是农机污染物排放显著降低:在"国四"标准下,农机单车排放降低 30%左右,颗粒物排放降低 80%以上,有助于改善空气质量、减轻雾霾等环境污染问题。二是推动农机技术升级:为满足"国四"排放标准,农机企业不得不加大在发动机技术、排气后处理技术、燃油经济性等方面的研发投入,推动农机行业整体技术水平的提升。三是促进农机行业发展:由"国三"升"国四",增加了企业的研发成本和制造成本,实力雄厚的企业能够更好地应对,而一些竞争力不足的企业则面临淘汰,加速了行业洗牌,提高了行业集中度。例如,2023 年在拖拉机市场,在"国三"升

"国四"排放升级落定后，中国一拖集团有限公司等实力雄厚的企业逆势增长，一些竞争力不足的企业下滑明显。

3. 加快农机装备智能作业技术研发与推广

农机装备智能作业技术是指利用人工智能、物联网、云计算、大数据等技术，使农机装备具备自动驾驶、智能感知、智能决策、智能调控等功能，实现精细整地、变量施肥、精量播种、无人植保、精准喷洒、精准收获、低耗干燥等智能化作业，推进农业生产全过程、全天候、少人化或无人化作业。通过农机智能作业技术的应用，能够有效减少水、种子、农药、化肥、农膜等农资使用量，提升农机装备作业质量、作业效率、可靠性和适用性，有效减少柴油、汽油、天然气等化石能源消耗，达到农机减排固碳的目的，对实现"双碳"目标具有积极意义。"十四五"期间，我国大力发展以绿色、低碳、智能、高效为理念的智能农机，推动农机装备向智能化、绿色化升级，助力实现国家"双碳"目标，促进提高农业生产力。农机智能作业技术已成为农业农村绿色低碳发展的重要方向之一。

在智能化施肥方面：中国移动智家生态链技术通过土壤养分传感器实时监测土壤肥力状况，依据作物生长需求精确计算施肥量，实现精准施肥，使农作物小麦产量提高了18%，并使化肥施用量降低了22%。在智能化灌溉方面：智能灌溉系统借助传感器实时掌握土壤墒情和作物需水特性，自动控制灌溉水量和时间；与传统灌溉相比，不仅可节约水资源35%左右，还能显著改善农作物生长状况。在农机智能调度方面：利用GPS定位和远程监控功能，智能农机车载平板能够实时追踪农机的位置和作业状态，帮助管埋者实现资源的优化配置和高效调度，提升农机使用效率，降低运营成本。在农机无人化作业方面："超级棉田"采用清洁能源驱动的农业无人机代替燃油农机，并安装农机自动驾驶仪辅助传统农机作业，比普通农场减少近30%的燃油消耗。此外，为减少秸秆焚烧污染，利用无人机监控、视频监控和地面巡查等构建的智能防控体系,可实现对秸秆焚烧的全方位、全天候实时监控,并能迅速评估火势、制订扑火方案和发出劝阻信息,有效提升秸秆焚烧的防控效率。

4. 加大农机手操作技能培训

农机装备的作业质量和能耗水平与农机手的技术水平有关,操作同一台收割机,熟练农机手会比新农机手减少耗能10%、提升作业效率10%、减少收获损失10%。近年来,全国各级农业农村部门组织农机推广骨干和农机化生产一线"土专家",开展机械保养维修、减损减排、安全生产等技术巡回指导,帮助农机手正确调整机具参数、及时排除故障、低能耗高效率使用农机,降低收获损失、能源消耗。常态化组织开展多种类型的农机驾驶操作技术比赛,以赛促训、以赛提技,提升农机手驾驶操作技术水平,选树一批作业标兵、维修能手,激发广大农机手比学赶超低损高效、节能减排的荣誉感使命感,推动农机作业低损高效、节能减排;广泛开展农机作业低损高效、节能减排大宣传活动,通过广播电视、报纸网站及短视频、明白纸、微信群等群众喜闻乐见的传播渠道,营造广大农机手、全社会关注支持低损高效、节能减排作业的浓厚氛围,使全行业牢固树立减损减排意识,推动按标按规作业;同时,通过培育一批农机合作社、农机大户及农机作业公司等新型农机服务组织,建设一批"全程机械化+综合农事"服务中心,提升农机服务能力,有效减少水、种子、化肥、农药、农膜等农资使用量,达到农机作业低损高效、节能减排的目的。

以陕西为例,陕西持续提升农业机械化水平,全年累计培训农机手100万人次,稳步提升作业质量。陕西优化全省20个单产提升县机具布局,推广应用北斗高精度卫星导航作业以及耕深、播种监测等农机智能终端,组织农机化技术专家、农机使用一线"土专家"分片区深入一线开展指导服务。重点围绕参数调节、规范操作等开展农机手技能培训活动,在全省小麦、玉米种植面积50万亩以上的县(区)实现减损监测全覆盖,全省小麦、玉米、水稻机收损失率分别为 0.95%、1.89% 和 1.99%，分别较 2023 年降低 0.05%、0.37% 和 0.36%，同时显著提升了农机作业效率，降低了能源消耗。

（三）小结

现代农业生产中还存在农药、种子和水资源利用率不高的问题，亟须鼓励社会化服务、运用高效植保机械化技术和精量播种机械化技术提高农药和种子的利用率；亟须运用秸秆综合利用机械化技术、畜禽粪便综合利用机械化技术减少秸秆、畜禽粪便造成的废弃物排放问题。因此，如何发挥好农业机械在农业生产中的节能减排功能，同时又尽可能减少其使用过程中的燃油消耗和钢材消耗，还需开展深入研究，农业机械化的节能减排在我国节能减排战略中占有重要地位，对实现我国节能减排、农业绿色发展具有重要意义。

六、可再生能源替代[①]

（一）国家和省市政策措施

党中央高度重视生态文明建设和农业农村发展，全面实施乡村振兴战略，"2030 年前碳达峰、2060 年实现碳中和"目标提出后，各部委纷纷出台相关政策措施推动农业农村绿色低碳建设。

一是实施乡村振兴战略，加快构建农村现代能源体系，明确提出加快农村可再生能源发展。我国能源消费结构以煤为主，煤炭消费量占能源消费总量的 57.7%，天然气进口对外依存度超过 40%。国家能源局、农业农村部、国家乡村振兴局联合印发的《加快农村能源转型发展助力乡村振兴的实施意见》提出，推动农村生物质资源利用，到 2025 年建成一批农村能源绿色低碳试点，在全国乡村振兴重点帮扶县优先推进农村能源绿色低碳试点，合理

---

① 执笔人：冯晶、李奇辰、刘刘、罗娟。

发展以农林生物质、生物质成型燃料等为主的生物质锅炉供暖，因地制宜推广生物质热解气等集中供暖，鼓励采用大中型锅炉，在乡村、城镇等人口聚集区进行集中供暖。《国家发展改革委 国家能源局关于完善能源绿色低碳转型体制机制和政策措施的意见》提出，在农村地区优先支持屋顶分布式光伏发电以及沼气发电等生物质能发电接入电网，电网企业等应当优先收购其发电量。完善规模化沼气、生物天然气、成型燃料等生物质能和地热能开发利用扶持政策和保障机制。

二是积极应对气候变化，打好大气污染防治攻坚战，实现碳达峰、碳中和目标，需要加快发展农村可再生能源。全球气候正经历着以变暖为主要特征的显著变化，焚烧化石燃料会产生大量的 CO_2 温室气体，使全球气温普遍上升。我国应对全球气候变化承诺的国家自主贡献目标是"到 2030 年单位国内生产总值二氧化碳排放比 2005 年下降 60%~65%"，这就迫切需要加快推进能源供给侧结构性改革、创新，提高清洁能源或零碳、低碳能源的占比。生物质能燃烧过程是 CO_2 零排放，并且利用生物质能替代散煤燃烧，可解决秸秆露天焚烧等产生的大气污染问题，对于减排二氧化硫（SO_2）、氮氧化物和颗粒物效果十分明显，能够实现减污降碳协同效应。因此，加快推广农村可再生能源已成为应对气候变化，打好大气污染防治攻坚战，实现碳达峰、碳中和目标的重要内容。

三是实施乡村建设行动，大力推进农村人居环境整治，要求发展农村可再生能源。党的十九届五中全会通过的《中共中央关于制定国民经济和社会发展第十四个五年规划和二〇三五年远景目标的建议》明确提出，实施乡村建设行动，完善乡村水、电、路、气、通信、广播电视、物流等基础设施，改善农村人居环境。我国农村人居环境状况不平衡，改善农村人居环境、建设美丽家园已成为广大农民群众的强烈诉求。据测算，全国每年尚有 1.2 亿 t 的秸秆未得到有效利用，有不少被田间就地焚烧；7.2 亿 t 畜禽粪污未得到有效利用；全国近 1/3 的行政村生活垃圾没有得到收集和处理；70%的村庄生活污水未得到有效处理。解决粪便、秸秆、有机生活垃圾、污水等造成的农业农村有机废弃物污染问题，将农村可再生能源建设作为农村基础设施建设的重点领域，利用农村地区的有机废弃物发展清洁可再生能源，已成为实施乡村建设行动、推进农村人居环境整治的迫切需求。

（二）行动与成效

农村可再生能源包括生物质能、太阳能、风能（装机容量10 kW以下）等。生物质能作为国际公认的零碳可再生能源，具备绿色、低碳、清洁等特点。生物质能技术主要包括秸秆打捆直燃、成型燃料、热解炭气联产、沼气/生物天然气技术等。秸秆与燃煤相比，可以减排70%的CO_2、90%的SO_2。多年来，各级农业农村部门认真贯彻落实中央相关决策部署，在有关部门的大力支持下，积极推进农村可再生能源的开发建设。这些努力有效缓解了农村生活能源短缺的问题，优化了农村能源供给结构，推动了农业有机废弃物的资源化利用，促进了生态循环农业的发展。2021年，中国农村地区能源消费中，秸秆等生物质能源占比为12.2%。

1. 积极推进农村沼气转型升级

我国沼气工程在预处理、厌氧工艺、沼气净化提纯以及沼液沼渣综合利用等方面，基本达到可以依据原料特性、产业特点，形成与行业政策相符的发展模式，初步实现了废弃生物质资源的肥料化和能源化利用。大多数沼气工程采用连续搅拌槽式反应器（CSTR）发酵技术。清华大学在大规模农村沼气工程方面探索了新型沼气发酵系统，提高了农村沼气站的技术水平和运行效率（Wu et al., 2023）。东华大学将污水处理与沼气生产相结合，实现了资源利用最大化（Song et al., 2021）。中国农业大学专注于微生物群落结构与功能的调控，通过优化微生物组成，提高废弃物降解效率，从而提高沼气产量（Cheng et al., 2018）。华中科技大学利用先进的传感技术和自动控制策略，实现实时监测和精确控制，准确控制发酵过程的稳定性和产气效率（Liao et al., 2014）。沼气燃烧发电是随着大型沼气池建设和沼气综合利用的不断发展而出现的一项沼气利用技术，将厌氧发酵处理产生的沼气，通过综合发电装置利用，以产生电能和热能。沼气发电具有创效、节能、安全和环保等特点，是一种分布广泛且价廉的分布式能源。

随着城镇化的快速推进，畜禽养殖由分散向集中转变，2015—2017 年农业部会同国家发展改革委实施农村沼气转型升级，推动农村沼气向规模化、大型化发展。中央共投资 60 亿元，重点支持建设大型沼气项目 1 423 处、生物天然气试点项目 64 处。在中央投资带动下，吸引了一批国有企业和社会资本积极参与，探索出一批沼气、生物天然气分布式门站、撬装供气等市场化的运营机制，为天然气覆盖不到的农村地区提供了重要生活能源。截至 2023 年年底，以畜禽粪污、秸秆等农业废弃物为原料的各类中小型沼气工程和大型及超大型沼气工程分别为 6.22 万处和 5 518 处，总装机容量达 323.77 MW，其中包括 66 处规模化生物天然气工程，年产气 1.26 亿 m^3。近几年在国家政策的支持下，沼气发电新增装机容量和累计装机容量均有所增长。据统计，2021 年我国沼气发电累计装机容量 111 万 kW，较 2020 年增长 24.72%；新增装机容量 22 万 kW，较 2020 年增长 120%。

2. 大力推进秸秆打捆直燃集中供暖

秸秆打捆直燃供暖技术包括雪茄（Cigar）型捆烧技术、往复炉排型捆烧技术、顺流式捆烧技术等。其中雪茄型捆烧技术通过控制进料速度和风机配风量调节燃烧速度，实现燃烧过程智能化控制，减少炉膛温度波动，维持燃烧状态的稳定性。往复炉排型捆烧技术依靠炉排的推动作用使秸秆捆变得疏松透气，避免燃烧不充分或者配风系数过高的问题。顺流式捆烧技术燃烧过程中的灰炭与原料不断地进行热交换，有效利用了灰炭余热，但高温烟气与燃料层之间对流换热较少，不利于原料的预燃烧处理，适合于较干燥的秸秆捆燃料。顺流式捆烧技术燃烧过程中的灰炭与燃烧层及时分离，有利于灰炭的二次燃烧，高温烟气与燃料层充分换热，有利于原料的干燥预处理。秸秆打捆直燃初始投资成本约300万元，包括锅炉、锅炉房、供暖管网、暖气片等。秸秆收储运费用约120元/t。在运行成本方面，一个采暖季人工成本约4万元，主要用于锅炉工人工资支出；锅炉除尘等用电成本共计8万元；供暖用水可循环使用，一个采暖季可消耗水20 t左右，水费2.5元/t。近年来，辽宁、黑龙江、山西、河北等地开展了秸秆打捆直燃集中供暖试点示范，将秸秆直接打捆，在专用锅炉内燃烧，为乡镇机关单位、社区、学校等集中供暖。该模式符合我国北方农村实际，供暖期与秸秆收储期吻合，减少了秸秆收储环节，降低了秸秆利用成本；另外，配备的专用锅炉热效率可达80%以上，使用寿命20年以上，与燃煤相比运行费用少、污染物排放量低。辽宁昌图县三江村采用秸秆打捆直燃替代散煤，为660户农户及中小学、镇政府、商户供暖，供暖面积达到9万 m^2，一个采暖季的运行成本相比燃煤节省25万元，年消耗秸秆6 984 t，替代3 492 t标煤。截至2023年年底，全国秸秆打捆直燃集中供暖350处，供暖户数24.01万户，供暖面积1 866.17万 m^2。

3. 有序扩大秸秆成型燃料推广范围

随着蓝天保卫战的打响，为解决燃煤散烧造成的大气污染问题，进一步提升环境空气质量，各地纷纷划定"禁煤区"，秸秆成型燃料成为"禁煤区"城镇、农村集中居住区供暖和工业供热的重要替代能源。与散秸秆相比，秸秆成型燃料体积大大缩小，密度可达到800~1 400 kg/m^3，便于存储和运输，污染物排放量低于燃煤锅炉，符合国家排放标准。一个年产2万 t秸秆成型颗粒的项目，设备购置费用约为46万元，包括秸秆成型设备、粉碎机、干燥设备等。成型过程中的能耗主要包括电力消耗，例如每吨秸秆成型燃料的能耗为60 kW·h，折合30元/t；人工成本约14元/t；折旧费、维护费约15元/t；总成本为99~129元/t。在技术设备方面，成型关键部件由棒状螺旋转变为环模压辊。环模式成型机是一种性能较优的设备，单机生产能力普遍为1~3 t/h，单位产品能耗为 50~90 kW·h。模具等关键部件的使用寿命约为 3 000 h，具有可靠的工作性能。国内相关机构还开发出秸秆成型燃料炊事炉、炊事取暖两用炉和生物质锅炉等专用设备。这些生物质专用锅炉的热效率可达80%以上，并且在配备除尘设施后，能够满足大气污染物排放标准的要求。秸秆成型燃料主要用于中小型锅炉供热、发电以及农村炊事供暖用能等。我国成功研制规模化、低能耗秸秆成型技术生产线，基本实现原料预处理、粉碎、成型工艺的一体化集成，制定了从原料收储运、成型加工、产品质量到工程建设等行业标准。2023 年，全国固化成型燃料工程 1 919 处，年产量 1 239.45 万 t。

4. 大面积推广应用太阳能利用技术

近年来，户用光伏配空气源热泵和太阳能热利用多能互补采暖这 2 项技术在农村清洁取暖方面取得了显著成效。其中，户用光伏配空气源热泵技术利用光伏电站为空气源热泵提供电能。空气能热泵通过吸收空气中的热能并利用电能进行供暖，而光伏电站将太阳能转化为电力，作为热泵的电能补充。通过能源管理平台实现智能控制，能够提升能源利用效率，实现清洁取暖和能源投资的双重目标；太阳能热利用多能互补采暖技术则由太阳能热水采暖系统、生物质清洁炉具（或电、气）辅助采暖设备、被动式太阳能采暖房或阳光间等多种技术组合构成，配套地板盘管节能供暖系统和墙体节能保温材料，并安装温度自动控制系统，形成一体化综合性多能互补采暖技术。该系统的太阳能贡献率可达70%，其余30%（如阴天、雾霾天）由辅助能源补充供暖。这 2 项技术具有环保、经济、安全等优点，已非常成熟，适合在农村地区广泛推广应用。对于一个典型的 20 kWp 的户用光伏系统，设备购置费用大约为 7 万元，根据不同的光照条件和电价政策，光伏系统的投资回收期一般为 6~10 年。一个 20 kWp 的光伏系统，每户全年发电量超过 2 万 kW·h，可以满足一户农村居民的全部生活用电，包括20~40 m² 主要房间的冬季采暖。截至 2023 年年底，全国累计推广太阳房 37.38 万处，面积达 2 452.97 万 m²；安装太阳能热水器

4 101.9万台，面积7 798.52万 m²；推广太阳灶73.57万台。

（三）小结

秆直燃供暖、成型燃料和沼气/生物天然气、太阳能等可再生能源技术，已在农村地区取得显著成效。2023年，全国中小型沼气工程和大型及超大型沼气工程分别为6.22万处和5 518处，总装机容量达323.77 MW；全国秸秆打捆直燃集中供暖350处，供暖户数24.01万户；全国固化成型燃料工程1 919处，年产量1 239.45万 t；全国累计推广太阳房37.38万处，安装太阳能热水器4 101.9万台。从当前农村可再生能源发展的实际来看，还存在政策落实不到位、技术水平不高、投入成本高等问题。未来农村可再生能源要加快发展多能互补系统，推动生物质能、太阳能等技术融合应用，为农业生产、生活供能提供多元化、清洁的能源解决方案，替代传统的化石能源，促进绿色低碳发展。

七、适应气候变化[①]

（一）国家和省市政策措施

1. 国际气候治理全球适应进程对农业适应气候变化提出新目标

政府间气候变化专门委员会（Intergovernmental Panel on Climate Change，IPCC）第六次评估第二工作组报告《气候变化2022：影响、适应和脆弱性》指出，适应措施可帮助减轻气候变化对农业生产的不利影响，特别是基于自然的适应选项，这些选项在提高作物生产系统的气候韧性和保障粮食安全方面具有高潜力。2024年《联合国气候变化框架公约》第二十九次缔约方大会（COP29）达成"巴库气候团结契约"，设立2025年后气候资金目标及相关安排，为

---

① 执笔人：赵明月。

发展中国家开展气候行动奠定了基础，推动发达国家在重要问题上采取切实的行动，为加快全球气候治理步伐、推进全球绿色低碳转型进程助力。

2. 我国适应气候变化的政策体系正在逐步形成和完善

中国政府高度重视气候变化问题，并将气候变化纳入国家战略。近年来，出台了《国家应对气候变化规划（2014—2020年）》《国家适应气候变化战略2035》《"十三五"应对气候变化工作方案》等政策，明确了应对气候变化的目标和措施。2024年发布《中国适应气候变化进展报告（2023）》，全面总结重点领域适应气候变化的进展与成效，指出农业与粮食安全适应气候变化能力得到提升。2024年11月，生态环境部发布《中国应对气候变化的政策与行动2024年度报告》，提出《国家适应气候变化战略2035》实施良好，农业领域适应气候变化能力不断强化。2024年COP29"加强早期预警，共筑气候适应的未来"高级别会议上，中国发布《早期预警促进气候变化适应中国行动方案（2025—2027）》。该方案提出从共享气候风险普查及评估知识、共建气候风险监测预报预警平台、共享气候适应型社会建设经验智慧、共促发展中国家早期预警能力提升4个方面明确中国重点实施行动。

3. 适应气候变化战略在地方和重点领域落地实施

截至2024年6月底，29个省（区、市）印发适应气候变化行动方案，在12个重点领域发布适应气候变化政策文件80余份。贵州省印发《贵州省适应气候变化行动方案》，提出优化农业气候资源利用格局，调整优化粮食与特色产业布局、种植结构和作物品种配置，调整育种目标，培育抗旱、耐涝、抗病作物品种。强化农业应变减灾工作体系，健全灾害监测预警和响应机制，发展农田智能化排灌、气候适应型作物、林果应变栽植、畜禽及水产健康养殖技术体系。山西发布《山西省适应气候变化行动方案（2023—2035年）》，该方案涉及建立适应气候变化的粮食安全保障体系，推进高标准农田建设，优化结构布局，发展各类型的标准化粮食生产基地。《山东省适应气候变化行动方案 2035》提出，发展气候适应型农业，加快高标准农田建设，发展种养加结合、植物秸秆和农业废弃物高效利用的生态农业，开展间作、套种实验，提高农业生态系统气候韧性。加强粮食安全保障，深入实施重要农产品保障战略，稳定粮食播种面积，加快构建多元化粮食储备格局。

（二）行动与成效

在适应气候变化政策指导下，通过适应气候变化行动与措施，充分利用气候变化带来的农业气候资源机遇，减轻极端天气对农食系统的破坏性冲击，增强农业生态系统气候韧性，降低农业面临的气候风险，保障粮食安全。从农业气候资源、农业减灾能力、农业生态系统气候韧性、粮食安全保障体系等方面，推动适应气候变化技术示范推广、措施落地及相应工程建设，并取得相应成效。

1. 推动实施农业气候资源普查和区划，农业气候资源利用效率得以提升

第一，实施第三次全国农业气候资源普查和区划工作，组织开展气候变化对粮食安全影响的研究。中国农业气候资源已发生显著变化，农业生产面临的气象灾害风险加剧，农业生产方式、经营方式和社会需求等发生明显变化，亟须形成更加现代化、更为精细的普查区划成果。2023 年中央一号文件明确提出，要研究开展新一轮农业气候资源普查和农业气候区划工作。2024 年，中国气象局在农业气候变化较敏感且具有一定基础的地区，开展国家、省、市、县四级农业气候资源普查和区划试点工作，积极利用普查成果调整优化种植结构。摸清试点区域农业气候资源底数和变化规律，形成普查数据、区划图、技术规范、分析报告、系统平台等成果，建立可操作的农业气候资源普查和区划基本范式，制定农业气候资源、农业生产等普查技术规范，建设农业气候资源

普查及动态区划应用系统平台，编制中国农业气候区划图。基于普查和区划结果，研究提出国家、省、市、县四级农业种植结构优化调整方案、未来农业合理布局和对策建议。

第二，发布国家农作物优良品种推广目录、农作物主导品种，推广一批适宜不同地区种植的高产、优质、抗逆良种，提高粮食产量和农作物气候适应能力。为加快优良品种推广应用，把单产和质量水平提上来，帮助指导农民科学选种、正确用种，农业农村部决定自2023年起编制发布《国家农作物优良品种推广目录》，有效引导业内紧盯需求育种创新，加快品种更新换代。2023年，发布作物种类包括水稻、小麦、玉米、大豆、棉花、油菜、花生、马铃薯、大白菜和结球甘蓝10种，着眼分类指导农作物品种推广应用，发布品种类型包括骨干型、成长型、苗头型和特专型4种，形成较为完整的品种推广梯队，更好地服务农业用种和农民选种需要。

第三，调整优化作物种植结构，因地制宜推行间套复混种植模式。例如，在东北地区开展玉米大豆轮作，推进三江平原适度开展水改旱、稻改豆。黑龙江在轮作试点中形成了以玉米与大豆轮作为主，与杂粮、薯类等轮作为辅的"一主多辅"轮作模式，已为广大农民所接受。在南方水稻产区开展稻稻油、稻油轮作，扩大冬油菜种植，有效利用光温资源。在黄淮海、西南地区推行大豆玉米带状复合种植，这种模式不仅提高了土地产出率，还实现了增产增收。

2. 根据极端天气新特征，调整农业防灾减灾工作思路与技术路线

第一，关键时期印发农业防灾减灾预案，抓细灾害监测预警，强化精准指导和科学防范应对自然灾害。我国气候状况总体偏差、极端天气偏多，干旱洪涝频发，病虫害呈重发趋势，因此农业防灾减灾形势复杂严峻。农业农村部、水利部、应急管理部、中国气象局联合印发《科学应对汛期自然灾害 奋力夺取粮食和农业丰收预案》，要求各地坚持以防为主、防抗救相结合，细化实化关键措施，抓好抓牢灾情防控，切实减轻灾害损失。从洪涝、干旱、台风、高温热害和病虫害 5 个方面提出防灾减灾重点任务，各地提早落实防范措施，科学防灾、有效减灾、积极救灾，切实减轻灾害损失。

第二，建设一批田间定点监测点和国家级墒情监测站，推广节水抗旱作物品种和覆盖、滴灌喷灌、水肥一体化等旱作节水技术，组建抗灾减灾专家指导组，制定分区域、分作物、分灾种的防灾减灾救灾技术指导意见并进行实地指导。我国已初步构建全国土壤墒情监测体系和信息管理平台，推进人工监测向自动监测转变，接入全国墒情信息管理平台的自动墒情监测站点超过 1 000 个。"十三五"期间，全国低压管灌面积 1.58 亿亩，微灌、喷灌等高效节水灌溉面积发展到 1.7 亿亩，水肥一体化面积 1.5 亿亩。中央财政累计安排旱作节水农业专项资金 40 多亿元，西北、华北和东北等地支持示范旱作节水农业技术，累计示范水肥一体化、集雨补灌、测墒节灌等农业节水技术 6 500 多万亩，带动全国每年旱作节水农业技术应用面积超过 4.5 亿亩次。节水农业技术见效快、效益高，如水肥一体化技术可以使玉米亩增产约 200 kg、冬小麦亩增产 100 kg、马铃薯亩增产 1 500 kg。

第三，开展气候智慧型农业试点示范，探索建立不同区域的气候智慧型农业模式，实施农业保险保费补贴政策等适应行动。我国与 FAO、联合国开发计划署等国际组织合作，启动实施了多个气候智慧型农业国际合作项目，获得全球环境基金、世界银行等国际组织机构的赠款资金近 1 000 万美元。2014—2020 年，"气候智慧型主要粮食作物生产项目"作为第一个在中国实施的气候智慧型农业国际合作项目，在安徽和河南建立 5 万亩示范区，通过秸秆科学还田、应用精准施药技术、优化种植结构等方式，项目区温室气体排放减少 15%~25%，固碳量增加 12%~17%，作物单产增加 5%~10%，农田平均净收入增加 12%。

3. 加强生物多样性保护，提升农业生态系统服务，增强农业气候适应性

第一，加强水土保持与生态防护，推广合理的间作套作体系。我国发布《关于加强新时代水土保持工作的意见》，强调要坚持生态优先、保护为要，要求从过度干预、过度利用向自然修复、休养生息转变，建立严格的水土流失预防保护和监管制度。该意见提出了到2025年和2035年的水土保持目标，包括水土保持体制机制和工作体系的完善、管理效能的提升、人为水土流失的有效管控和重点地区水土流失的有效治理。以保护农田生态系统为重点，健全耕地休耕轮作制度，强化耕地质量保护与提升，推进高标准农田建设，完善农田灌溉排水体系，因地制宜建设农田防护林，提升土壤保持能力。

第二，结合气候变化引起的生态关系改变和病虫害新特点，推行统防统治与绿色防控技术，推进农药减量增效，2023年我国主要农作物病虫绿色防控覆盖率达54.1%，化肥、农药利用率超过41%。

第三，加强外来入侵物种防控，遴选确定59种重点管理外来入侵物种，基本构建覆盖源头预防、监测预警、治理修复等关键环节的管理制度体系，保护农业生物多样性。2022年出台《外来入侵物种管理办法》，从源头预防、监测预警、治理修复等方面全面加强外来入侵物种管理。农业农村部会同国务院有关部门建立外来入侵物种防控部际协调机制，统筹协调解决重大问题。

4. 建立完善适应气候变化的粮食安全保障体系

第一，以提升粮食产能为首要目标，加强高标准农田建设，2023年全国完成新建和改造提升高标准农田约8 611万亩，这表明我国在高标准农田建设方面取得了显著进展，为粮食安全提供了坚实基础。完成高效节水灌溉面积约2 462万亩，截至2023年年底，全国高效节水灌溉面积达到4.1亿亩，显著提升农业用水效率和推进农田灌溉方式向集约节约转变。截至2022年年底，已累计建

成10亿亩高标准农田，稳定保障1万亿斤（1斤=0.5 kg）以上粮食产能。截至2022年年底，全国累计建成的10亿亩高标准农田，占我国19.18亿亩耕地的一半以上，这意味着全国耕地超过一半是高标准农田，有效提升了耕地质量和粮食生产能力。

第二，健全耕地休耕轮作制度，加大农业水利设施建设力度。开展气候智慧型农业试点示范，针对不同的作物种类、农业区域气候条件和农民耕作方式，通过政策构建、技术集成、模式创新、宣传培训等，探索不同区域的气候智慧型农业模式。党的二十大报告提出，健全耕地休耕轮作制度，进一步强调了该制度的重要性。从2016年至2022年，轮作休耕实施面积由616万亩增至6 926万亩，实施省（区、市）由9个增至24个，补助资金由14.36亿元增至111.45亿元。

第三，按照"政府引导、市场运作、自主自愿、协同推进"的原则，实施农业保险保费补贴政策，2023年中央财政拨付农业保险保费补贴459亿元，为1.6亿户次农户提供风险保障4.5万亿元。2024年中央一号文件提出扩大完全成本保险和种植收入保险政策实施范围，实现三大主粮全国覆盖、大豆有序扩面，鼓励地方发展特色农产品保险，推进农业保险精准投保理赔，完善巨灾保险制度。农业保险基本覆盖水稻、玉米、棉花、大豆、油菜、小麦等大宗农作物，从试点的成效看，农业保险最大程度地减轻了参保农户的因灾损失，促进了农业产业发展和农村社会稳定。三大粮食作物完全成本保险和种植收入保险实施地区为全国种粮地区，保障对象包括适度规模经营农户、小农户等农户和农业生产经营组织。完全成本保险保障水平覆盖物化、土地和人工等农业生产总成本，种植收入保险保障水平覆盖相关农产品种植收入，这两个险种的保障水平最高可达相应品种产值的80%。

（三）小结

党的二十届三中全会提出，完善适应气候变化工作体系，充分体现了我国减缓与适应并重的应对气候变化工作格局。协同推进降碳、减污、扩绿、增长，坚定不移落实"双碳"目标，对农业系统应对气候变化提出新的部署和要求。目前，《国家适应气候变化战略2035》实施进展良好，适应气候变化战略在地方和重点领域落地实施。落实 2023 年中央一号文件，农业气候资源普查和农业气候区划工作开展良好。农业农村部自 2023 年起编制发布《国家农作物优良品种推广目录》，有效引导业内紧盯需求育种创新，加快品种更新换代。关键时期印发农业防灾减灾预案，抓细灾害监测预警，强化精准指导和科学防范应对自然灾害。加强生物多样性保护，提升农业生态系统服务，增强农业气候适应性。建立并完善适应气候变化的粮食安全保障体系，不断强化农业领域适应气候变化能力。

当前，农业应对气候变化也存在不足。例如，对气候变化影响和风险的分析评估不足，对气候变化直接和间接威胁自然生态系统和经济社会系统的复杂性、广域性和深远性的认识亟待提升。重点领域协同适应气候变化行动力度有待加强，生态系统气候适应性、农业对暖干化趋势和季节性干旱频发的适应能力以及水利、能源等基础设施协同防范极端天气气候事件的能力等亟须提升。

领衔作者：秦晓波
主要作者：朱志平　张成林　郑建丽　李　虎
　　　　　　常乃杰　康佳浩　刘　丽　常　春
　　　　　　于昭洋　冯　晶　李奇辰　刘　刈
　　　　　　罗　娟　赵明月

第三章 农业低碳科技创新进展

本章摘要

农业既是受气候变化影响的脆弱行业,也是温室气体排放的主要来源。在保证粮食安全的前提下,如何减少农业生产的温室气体排放、提高土壤碳汇,已成为全球可持续发展的关键议题。氮肥精准施用、优化水分灌溉管理、有机肥替代化肥、微生物菌剂、生物炭、轮作间作等多样化种植、覆盖种植、轮牧、割草、延长植被期、饲料营养成分的调节和优化、饲料添加剂、粪便固液分离等是降低农业温室气体排放、提升土壤碳汇的主要技术,并可保证农业稳产增产,具有提高资源利用率、降低环境污染、节本增效等协同效益。同时,适应是人类应对气候变化的重要手段,能最大程度地减轻气候变化的不利影响,确保人类社会可持续发展。高效生物育种、智慧农业及农业物联网、农业大模型等技术发展为农业适应气候变化提供了新手段。从粮食系统角度提出适应气候变化解决方案,可显著提升粮食系统的韧性和稳产保供功能。最后,在政策支持方面,在"双碳"目标导向下我国农业减排固碳的经济价值实现可以通过产品溢价、引入碳金融工具、进行碳交易3条路径实现。综上,农业低碳科技创新和政策机制完善,有助于有效推进我国农业高质量发展和应对气候变化。

一、农业减排科技[①]

全球气候变化正对自然生态系统和人类社会产生深远影响,温室气体的排放加剧了气候变化的速度和强度。根据 IPCC 的报告,若不采取有效措施,全球平均气温将在 21 世纪末升高 2°C 甚至更多。气候变化不仅影响全球生态系统的平衡,还对社会经济产生重大影响,特别是在农业领域。农业既是受气候变化影响的

---

① 执笔人:王斌、苗田田。

领域之一，也是温室气体排放的主要来源之一。随着气候变化的加剧，农业的生产效率、土地利用方式、粮食安全和生物多样性都面临巨大挑战。全球农业活动的温室气体排放约占全球排放总量的14%，而其中的 CH_4 和 N_2O 贡献显著，这两种气体的全球变暖潜力远高于 CO_2。

根据FAO的统计数据，全球农业活动产生的温室气体排放量持续增加，特别是在发展中国家和新兴经济体。与此同时，全球人口预计到2050年达到97亿人，对粮食供应链的压力将会加大。如何在保证粮食安全的前提下，减少农业生产的温室气体排放，已成为全球可持续发展的关键议题。对于农业排放问题，不仅需要科学家和政策制定者携手合作，还需要世界各国采取统一行动，以实现气候目标。

中国作为全球人口最多、粮食需求量最大的国家之一，其农业减排固碳任务尤为艰巨。近年来，中国在农业减排固碳方面采取了多项创新措施，并在相关领域取得了显著进展。这些措施包括通过技术创新提高农业生产效率，减少化肥和农药使用，推广可持续农业实践等。本章将深入探讨国内外近期在农业减排固碳领域的研究成果和实践经验，并根据最新的科学研究，提出农业减排固碳的技术措施。

（一）国际前沿

农业既是受气候变化影响的脆弱行业，也是温室气体排放的主要来源。本节通过梳理和综述全球前沿农业温室气体减排科学和技术研究进展，分析当前研究热点和方向，为农业减排科技创新提供参考。在研究层面，农田 N_2O 减排适用性技术侧重养分管理和耕作制度，稻田 CH_4 减排适用性技术侧重水分管理和品种选择，畜牧业减排适用性技术侧重饲料管理和粪便管理。

1. 种植业研究前沿

在保障粮食安全背景下，确保排放公平同时减少作物生产中的温室气体排放对我国农业可持续发展至关重要。Xu 等（2024）利用全国农村固定观察点的调查数据（样本量大于430 000 户），揭示了 1993—2020 年我国农户层面农业温室气体排放强度的长期变化趋势及不平等问题。研究发现，2015 年是我国农业温室气体排放强度的转折点，2015—2020 年，作物生产温室气体排放强度水平下降了 16%。作物生产的温室气体排放强度从 1993 年的 3 914 kg CO_2e/hm^2 增加到 2015 年的 4 710 kg CO_2e/hm^2，然后下降到 2020 年的 3 978 kg CO_2e/hm^2。从全生命周期视角进行分析，从温室气体来源贡献来看，稻谷种植（尤其是 CH_4）、田间管理（主要是 N_2O）和化肥生产是作物温室气体排放的三大主要贡献；从作物种类来看，贡献最大的是玉米和水稻。借助生产函数研究作物生产的温室气体排放强度驱动力发现，趋势变化背后的主要驱动力包括农田投入、所有其他投入、农业劳动力投入和全要素生产率，但不包括资本投入。

氮作为农业生产中的关键营养成分，其过量施用会引发温室气体增加、空气污染加剧、水体富营养化等一系列严重的环境问题，这些问题已构成全球生态与可持续发展的重要挑战。要推进全球气候变化的治理、改善环境质量、达成可持续发展目标，采取科学合理的养分管理策略变得尤为重要。You 等（2024）利用大数据分析和构建回归模型的方法，深入探讨通过优化管理手段来减少全球农田氮素损失的可能性，尤其强调在考量本地气候、土壤状况及常规管理实践的基础上，此类优化措施在全球范围内能够降低 17%~31% 的 N_2O 排放、NH_3 挥发、氮径流和氮淋洗，为实现氮素的可持续管理提供了坚实的理论依据和科学支持。

农业的集约化生产带来了作物产量的大幅增长，但同时也增加了农业生产过程中人为导致的温室气体排放。Abdo 等（2024）开展了全球尺度主要粮食作物"从摇篮（种子）到大门（农田生产收获）"的综合量化分析，研究表明，从 1961 年至 2020 年，常规农业生产方式下主要谷物作物（小麦、玉米、水稻）的全球增温潜势增加了 8 倍，而其系统可持续性指数下降了 75%，主要原因是在生产过程中肥料施用量和地下水使用量均增加 10 倍,机械化和灌溉面积增加 2 倍以上。通过预测分析表明,到 2100 年,由于投入品使用效率的降低,农业全球增温潜势将比 2020 年增加 3 倍,但若采用绿色能源(可再生能源、生物燃料和太阳能等)和气候智慧型农业技术(农业投入品精准施用方案、时间和用量、分次施肥、合理使用抑制剂等),2100 年的全球增温潜势将降低到 2.3 Pg CO_2e,农业生产系统的可持续性水平将增加 4 倍。

灌溉是一种具有重大环境影响的农事活动,而灌溉导致的全球能源消耗和碳排放仍不为人所知。Qin 等(2024)评估了全球灌溉相关的能源消耗和碳排放,同时测量了通过采用高效率和低效率灌溉活动可以实现的潜在能源和碳减排。结果表明,灌溉每年贡献了 2.16 亿 t 的 CO_2 排放,占农业活动中温室气体排放的 15%。采用高效、低碳的灌溉方法有可能将能耗减半,并减少 90% 的 CO_2 排放。该研究提供了有关灌溉能源消耗和碳排放的全面见解,为评估灌溉在提高农业部门适应能力方面的可行性提供了有价值的信息。干湿交替(alternate wet and dry,AWD)灌溉是世界范围内稻田的主要节水灌溉技术和 CH_4 减排技术,Gao 等(2024)基于整合分析表明,AWD 减少了 33.88% 的灌溉用水,提高了 20.27% 的水利用效率、47.58% 的灌溉用水效率和 29.63% 的水生产率。AWD 显著减少 CH_4 排放量 47.47%,与 N_2O 排放量增加 52.20% 相平衡,最终导致全球增温潜势和温室气体强度分别降低 39.38% 和 38.06%。实施合理的田间管理措施,如适宜的水稻品种和秸秆还田搭配 AWD 灌溉,可以有效提高水稻产量。

水稻种植中有机替代和水肥管理对于温室气体排放和产量增长具有重要影响,Liu 等(2024)根据全球不同地区的社会经济发展条件,以水稻产量提升为首要目标建立了相应的有机替代方案,研究发现,与单施化学氮肥相比,全球稻作区采用有机替代方案使水稻产量增加 7%,但是 CH_4 排放大幅度增加,且稻田土壤有机碳增量和 N_2O 减量不能抵消 CH_4 激增的增温潜力。为此,研究团队进一步调整水分管理,明确了将稻田持续淹水转为间歇淹水的

CH_4减排潜力。考虑总氮投入、有机氮源类型的最佳有机氮管理与间歇淹水的水分优化管理相结合，可使全球水稻产量增长9%、净碳排放降低21%。该研究提出了全球稻作区基于有机替代的增产减排综合水肥管理策略，为协同实现全球水稻产能提升和净碳减排提供了基于自然解决方案的路径。

多样化种植是粮食增产、绿色低碳和环境可持续的可行路径，Yang等（2024）基于在华北平原进行的一项为期6年的田间试验，揭示了将传统单一谷物（小麦—玉米）与经济作物（甘薯）和豆类（花生和大豆）多样化种植的优势。研究发现，多样化轮作模式使产量提高38%、N_2O排放量减少39%、净温室气体减排88%。在轮作中种植豆类可以刺激土壤微生物活性，增加8%的土壤有机碳储量，并提高45%的土壤健康指数。若在华北平原大规模采用多样化种植模式，可以使谷物产量增加32%，农民收入增加20%。该研究提供了一个可持续粮食生产案例，强调了作物多样化对长期农业恢复力和土壤健康的重要性。

2. 畜牧业研究前沿

畜牧业生产是全球温室气体的重要来源，占温室气体总排放量的18%。探究畜牧业温室气体排放的历史特征和未来趋势对于推动畜牧业生产低碳转型、实现"双碳"目标具有重要意义。He等（2023）通过生命周期评价方法，根据IPCC（2006）和中国《省级温室气体清单编制指南（试行）》，测算了2000—2020年中国31个省（区、市）10个牲畜类别的全生命周期的温室气体排放量，识别温室气体排放强度的时空演化规律，以环境影响评估STIRPAT（stochastic impacts by regression on population, affluence, and technology）模型基于共享社会经济路径（shared socioeconomic pathways，SSPs）情景预测2021—2060年的温室气体排放。研究表明，畜牧业温室气体最大的来源是肠道发酵，其减排重点在于改善饲料和提高消化率；经济因素和效率因素是导致畜牧业温室气体排放的主要因素，基于经济因素视角的减排重点在于优化畜牧业的生产结构，推动集约化和规模化生产模式。基于效率因素视角的减排重点在于促进新品种、新技术、新装备的引进、转化和推广，提高畜产品加工流通能力等。预计 2060 年，绿色路径（SSP1）、中间路径（SSP2）和不平等差异路径（SSP4）下的温室气体排放低于其他情景，表明优化畜牧业生产的空间布局和区域分工是潜在的减排方向。

当前，全球数据库如联合国粮食及农业组织统计数据库（FAOSTAT）、欧盟全球大气排放数据库（EDGAR）等均评估了中国畜牧业 CH_4 排放的历史变化，但由于使用的活动数量有限和在大陆层面固定的排放因子，这些评估结果存在显著差异，没有考虑区域差异、动物生产力的历史发展或中国粪便管理实践的变化。此外，缺乏全面的 CH_4 减排选项的成本效益分析，这对识别低成本优先减排策略和估算国家层面的经济可行性至关重要。Wang 等（2024c）通过进行广泛的全国实地调查，基于 1990—2020 年省级活动数据和全国动物污染普查数据，制作了详细的县级动物相关 CH_4 排放分布图。研究表明，在过去 30 年间，中国畜牧业 CH_4 排放量为（9.7±2.2）~（16.9±2.3）Tg，排放峰值出现在 2005 年，2020 年排放量为（14.1±2.0）Tg。畜牧业 CH_4 排放的时间变化可划分为 3 个阶段：1990—2005 年为快速增长期，其间 1997 年出现了意外的骤降；2007—2015 年为温和增长期；2017—2020 年为波动增长期。非畜牧业生产区政策导致 9 万多个非畜牧业生产区内 26 万家养殖场关闭，进而导致 2017 年 CH_4 排放量显著下降。我国未来总 CH_4 减排潜力为 4.4~6.9 Tg（减排率 35.5%±8.0%），实施成本估计为 101 亿~151 亿美元，畜牧行业 CH_4 减排潜力可在 2030 年以低成本实现 1/3。

中国现已成为全球羊产品的主要消费国和生产国，评估养羊业的效率并寻找减少温室气体排放的机会，以促进可持续的养羊生产至关重要。Nsabiyeze 等（2024）提出了一种综合方法，结合数据包络分析和全生命周期评估分析绵羊生产系统的生态后果。结果表明，通过优化绵羊生产可以将总能源消耗降低 9.82%。食品生产是影响环境的关键因素，占 69%。然而与初始状态相比，优化方法使绵羊生产的能源消耗减少了 4 677.64 MJ。通过实施优化策略，可以减少能源使用并降低绵羊养殖中的温室气体排放。这为政策制定者和从业者提供了有价值的参考，可促进绵羊生产的可持续发展。

中国经济激励政策推动畜牧业迅速扩张和巨大转型，使其成为气候变化的重要影响因素。Wei 等（2024）分析了中国低碳畜牧业发展政策和法规的演变，随后对取得的成就与未达成的目标进行评估和解释。研究发现，中国自 20 世纪 90 年代初开始关注低碳发展政策。然而，只有在循环绿色发展理念成为主要可持续发展政策后，中国才真正开始向低碳畜牧业发展迈进。政府出台了若干项政策工具，包括适度规模化、饲料优化、粪便资源化利用、设施和设备配置率、节能与新能源替代等，这些政策的出台取得了一定成效。然而，由于标准化农业、区域资源和环境多样化等因素，这些政策在实际操作中可能收效甚微。研究解释了政策与实际实践之间的差异，并为发展中国家提出了适用的重要政策建议，包括：①建立覆盖饲料生产、动物饲养、粪便处理、粪便应用及产品加工全生命周期的畜牧业温室气体排放评估标准和法规；②制定可操作的减排技术指南，建立全面、区域特定和生产设施类型特定的低碳畜牧业生产模式；③建立全系统的温室气体排放监测网络，并建立畜牧业碳排放核算数据库；④建立畜产品碳标签制度和支持低碳产品的生产补贴政策，以提高生产者从传统生产向低碳生产转变的积极性；⑤建立畜牧业碳交易体系，促进畜牧业融入碳市场。

（二）减排技术突破与发展

1. 优化灌溉管理减排技术

优化水分灌溉管理在农业减排中的重要性日益突显。相关研究表明，节水灌溉技术不仅能够显著减少温室气体排放，还在提高作物生产力和水资源利用效率方面具有潜在价值。Chen 等（2023）在中国湖南宁乡开展了双季稻田试验，研究了浅层灌溉和间歇灌溉对温室气体排放和水稻产量的影响。结果表明，与传统淹水灌溉相比，浅层灌溉和间歇灌溉分别减少44%和67%的用水量，同时分别提高水稻产量4.7%和12.1%。在温室气体排放方面，浅层灌溉和间歇灌溉下的CH_4排放量分别减少了34%和45%，但N_2O排放量分别增加了27%和50%。尽管如此，间歇灌溉显著降低了全球净增温潜势和温室气体净排放强度，分别减少了37%和44%。这一研究结果突显了优化灌溉管理在实现稻田温室气体减排与作物增产中的综合效益。Wang等（2023b）在中国西北地区评估了滴灌结合覆膜技术对温室气体排放及作物生产力的影响。结果表明，与传统灌溉方式相比，该技术减少N_2O排放32.46%，增加CH_4吸收23.49%，同时提高玉米产量17.85%。该技术还显著提升灌溉水利用率（17.90%）和氮肥生产率（71.84%），并降低全球增温潜势（6.65%）和温室气体净排放强度（20.79%）。Wang等（2024a）研究了负压灌溉系统，发现该系统在减少温室气体排放方面表现突出，与传统灌溉方式相比，可减少76.15%的温室气体排放，并维持较高的作物产量。优化灌溉管理措施在农业减排与资源高效利用中具有显著成效，这些技术不仅为减少农业领域的温室气体排放提供了科学依据，还有效提升了作物生产力，对推动全球可持续农业发展具有重要意义。

2. 养分管理与高效肥料减排技术

氮肥施用是农田N_2O排放的主要来源，因此提高氮肥利用效率是减排的重要方向。精准施肥技术通过动态监测土壤和作物的氮素需求，合理调整施肥量和施肥时机，避免因过量施肥导致的N_2O排放。在黄土高原地区，调整氮肥施用深度至15~25 cm，可显著提高马铃薯的干物质积累和氮素利用效率，同时可提升产量。缓控释肥料和硝化抑制剂的应用也具有显著的减排增产协同效果。陈云等（2024）在水稻田中添加硝化抑制剂双氰胺，显著降低了CH_4排放22.2%和N_2O排放56.0%，同时提高了水稻产量和生物量，将综合温室效应和温室气体排放强度分别减少了24.4%和

31.7%。Gao 等（2024b）基于一项连续 9 年的田间试验，并进一步结合全生命周期分析，探究了秸秆还田配施缓控释肥对华北平原小麦—玉米轮作的作物产量、温室气体排放和生态系统效益的影响。结果表明，秸秆还田配施缓控释肥处理相比普通氮肥处理分别显著提高小麦和玉米平均产量 14.6% 和 13.2%，减少年平均温室气体排放总量 10.7%，虽然缓控释肥处理相比普通氮肥处理在一定程度上增加了年平均生态成本 9.8%，但其同时增加净产量效益 20.4% 和土壤养分价值 22.5%，最终提高生态系统净效益 23.1%。

3. 微生物 N_2O 还原减排技术

土壤微生物驱动 N_2O 的产生和排放，通过生物工程手段直接操纵土壤微生物群落，尤其是增强其将土壤 N_2O 还原为 N_2 的能力，具有更大的减排潜力。在土壤中，N_2O 的生物还原主要依赖于 NosZ 酶，这是一种能够将 N_2O 催化还原为 N_2 的酶。目前国际上研发了一种全新技术（Hiis et al.，2024），通过使用有机废物作为基质和载体，筛选出能在土壤中生存并具有 N_2O 还原能力的细菌 *Cloacibacterium* sp. CB-01。利用 CB-01 菌株的 NosZ 活性，通过在有机废料中培养该细菌，然后将这些有机废料施用到土壤中，来增强土壤的 N_2O 还原能力，减少 N_2O 排放。该研究在不牺牲农业生产力的前提下，找到了一种成本效益高且可持续地减少农业土壤 N_2O 排放的创新方法。

4. 有机肥替代减排技术

利用有机肥替代化肥以减少温室气体排放是农业绿色低碳发展的有效技术路径之一。有机肥如动物粪肥、秸秆、绿肥等不仅能够有效降低农田 N_2O 排放，还能改善土壤健康并维持作物产量，其减排效果因有机肥类型、施用量、土壤特性、环境条件差异而有所不同。Xu 等（2024a）研究表明，粪肥部分替代化肥可以减少果园土壤中 N_2O 和 NO 排放的 20% 和 17%，粪肥能够增强土壤中的反硝化作用，从而有效抑制硝化过程中 N_2O 的产生。Hei 等

(2023)基于长期定位试验发现,完全用粪肥替代化肥可将 N_2O 的累积排放量减少 16.3%~210.3%,减排效果与氨氧化细菌(AOB)数量的显著下降以及土壤氮回收率的提高密切相关。绿肥作为一种优质有机氮源,在化肥替代中具有明显优势。朱强等(2024)对西北绿洲灌区的研究表明,绿肥替代部分氮肥能够有效减少 N_2O 排放,同时提高土壤全氮和有机碳储量,在绿肥替代比例为 60% 的情况下,N_2O 排放量较传统施肥减少 39.2%。

5. 生物炭还田减排技术

生物炭是农业温室气体减排中常用的土壤改良剂,主要通过改善土壤环境和提高养分储存能力,优化土壤结构、提高土壤透气性、减少反硝化作用,实现 CH_4 和 N_2O 减排。在山东省的一项 3 年田间试验中,施用生物炭 $9.0\ t/(hm^2 \cdot a)$ 显著降低了农田 N_2O 的年均累计排放量,减少幅度达 20.3%,并显著提升了土壤有机碳的年均变化量,第三年相比第一年增加 SOC 21.7%。Yang 等(2019)在稻田中施用 $20\ t/hm^2$ 和 $40\ t/hm^2$ 稻草生物炭,分别减少了 58% 和 43.1% 的 N_2O 排放量,对 CH_4 减排也具有一定效果。施用不同的含碳材料(即秸秆、有机肥料和生物炭)对土壤温室气体排放和土壤碳螯合的影响存在显著差异,He 等(2024)通过田间试验评估土壤温室气体排放对耕地施用不同碳基材料的响应,并利用分子模型探讨这些材料的特性差异对土壤温室气体排放的影响机制。结果表明,生物炭具有卓越的抗生化分解能力和土壤温室气体吸附能力,其优异的物理化学特性可显著减少土壤温室气体排放。秸秆和有机质的表面活性增强了它们与分解酶的相互作用,加速了后者的生化分解。与对照组相比,小麦—玉米轮作施用生物炭 1 年后,温室气体排放量减少 $1\ 089.8\ kg\ CO_2e/hm^2$,土壤有机碳增加 141.8%。

6. 多样化种植减排技术

轮作与间作技术通过优化作物种植结构提高养分和光温水利用效率,并降低 N_2O 排放。Yang 等(2024b)在华北平原开展的一项为期 6 年的田间试验表明，将甘薯、花生和大豆等作物纳入轮作系统，粮食产量增加了 38%，净温室气体排放量减少了 92%，土壤有机碳储量提高了 8%。多样化轮作显著改善了土壤微生物多样性，并使农民的经济收益增加了 20%。冯夕等（2019）的研究证明，水旱轮作（如水稻—油菜、水稻—儿菜）在减少 CH_4 排放方面效果显著，相较于单一水稻种植系统，CH_4 排放量分别降低了 87.9% 和 88.2%，综合全球增温潜势显著下降。间作通过同时种植 2 种或多种互补性作物，充分利用植物间的协同作用，在优化资源利用的同时减少温室气体排放。间作系统中豆科作物的生物固氮作用尤为关键，不仅能够减少氮肥的施用量，还能够显著降低 N_2O 排放。Yang 等（2023）在甘肃省进行的一项为期 11 年的长期研究发现，相比单一作物种植，玉米—豌豆间作系统亚土层碳储量增加了 14.8%，温室气体排放量减少了 17.8%，每吨粮食的温室气体排放强度下降了 15.4%。

7. 日粮优化与饲料添加剂减排技术

畜牧业肠道 CH_4 减排技术首先在于饲料营养成分的调节和日粮优化，通过降低中性洗涤纤维与非纤维性碳水化合物的比例和添加可溶性碳水化合物来提高饲料质量，也可以减少肠道发酵产生的 CH_4 排放。高品质饲料还可提高自愿采食量，缩短饲料在瘤胃内的停留时间，降低日粮转化为 CH_4 的比例。其次是通过日粮饲料种类的优化，以全株玉米、高粱、木薯渣和苜蓿青贮为原料制成的青贮饲料可替代反刍动物饲料中的其他粗饲料（通常为谷类秸秆），提高饲料消化率，减少瘤胃 CH_4 排放。高质量青贮饲料可作为减少肠道排放和提高生产率的缓解替代方案，从而减少每单位产品的温室气体排放。

在饲料中添加益生菌、植物提取物、益生元、酶和硝酸盐等添加剂，可以打破胃肠道微生物的生态平衡，抑制瘤胃微生物的活性，减少 CH_4 的排放，但由于瘤胃微生物生态系统的适应性，其长期效果往往大幅下降。在各种饲料添加物中，添加一定量的脂肪或脂肪酸可以改变瘤胃发酵模式。在日粮中添加脂肪是公认的减少肠道 CH_4 排放的膳食选择之一，但脂肪对 CH_4 产生的抑制作用取决于脂肪的浓度、类型和脂肪酸组成，以及日粮的整体营养组成。

8. 粪便优化管理与堆肥减排技术

对畜禽粪便管理的温室气体减排而言，粪便固液分离是公认的一种有效的减排技术，可降低液体出水中的有机物含量，经储存或处理后可用于农田，并可进行好氧堆肥，使固体粪便成为肥料。覆盖、冷却和酸化等主要技术对粪便储存也具有显著的减排效果，CH_4 减排潜力可达到 9%~88%，而 N_2O 排放量可减少 50% 以上。由于产甲烷菌对温度非常敏感，较低的储存温度对 CH_4 排放具有抑制作用。在较低温度下储存的粪便可减少 15%~93% 的 CH_4 排放量，通过酸化原料猪粪，总温室气体（包括 CH_4 和 N_2O）排放量减少 31%~92%。在堆肥过程中使用一些添加剂可以减少 CH_4 和 N_2O 的排放。常见的添加剂包括改性赤泥、过磷酸酯、改性镁橄榄石、生物炭和微生物添加剂。添加剂的作用因目标和操作环境而异。添加磷石膏会释放硫酸根离子，硫酸根离子对产甲烷菌有毒，导致 CH_4 排放减少。添加生物炭可使堆肥的 CH_4 排放量减少 78%~84%，还可增加堆肥的孔隙度，促进更好的通风以减少 CH_4。在粪肥堆肥中加入镁盐和磷酸形成鸟粪石结晶，可使 N_2O 排放减少 9%~80%。

二、农业固碳科技[①]

（一）国际前沿

土壤碳库是陆地表层生态系统中最大的碳库，在全球碳循环中扮演着至关重要的角色。土壤固碳量的增加能够有效减缓温室效应，降低大气 CO_2 浓度，深入探究土壤碳固存的过程及稳定机

[①] 执笔人：蔡岸冬、刘丽、丁勇。

制，对于应对土壤退化及全球大气 CO_2 浓度上升具有重大意义。农业生态系统，包括农田和草地，是陆地生态系统的重要组成部分，其土壤有机碳储量占据了相当大的比例，但同时也极易受到人为活动和自然因素的影响，导致碳库的不稳定和碳排放的增加。因此，提高农业土壤碳固存的机制及技术，成为实现农业可持续发展和应对全球气候变化的关键。

在农田生态系统中，土壤有机碳的固存主要通过增加碳输入、减少碳输出和延长碳在土壤中的停留时间来实现。增加碳输入的途径多样，包括施用有机肥、秸秆还田和种植绿肥等。这些措施能够为土壤提供丰富的有机碳源，促进土壤有机碳库的积累。例如，施用有机肥不仅能直接增加土壤中的有机碳含量，还能改善土壤结构，提高土壤的保水保肥能力，从而为植物生长和土壤微生物活动创造更好的条件，进一步促进有机碳的固定（冯晓娟等，2024）。秸秆还田则利用农作物的废弃物，将其直接归还到土壤中，既减少了秸秆焚烧带来的环境污染和碳排放，又为土壤提供了大量的有机物质，有助于土壤有机碳的增加（王国璀等，2024）。种植绿肥作物，如豆科植物，不仅能通过光合作用吸收大气中的 CO_2，还能通过根系分泌有机物质，促进土壤微生物的活动，提高土壤有机碳的固存（梁超等，2021）。

减少碳输出则主要通过优化农艺管理来减少土壤侵蚀和温室气体排放。传统的耕作方式，如频繁的翻耕，会破坏土壤结构，增加土壤与空气的接触面积，加速土壤有机碳的矿化过程，导致碳的损失。通过采用保护性耕作技术，如免耕或少耕，可以有效减少土壤扰动，降低土壤有机碳的矿化速率，减少碳的排放（Beillouin et al.，2023）。此外，合理的灌溉和施肥管理也能减少土壤碳的损失。过量的灌溉和施肥会导致土壤结构的破坏和温室气体的排放，而科学的灌溉和施肥则能提高水分和养分的利用效率，减少碳的排放，同时促进植物生长和土壤有机碳的积累（Li et al.，2023）。

延长碳在土壤中的停留时间则需要通过优化农艺措施，增加光合碳输入，进而影响土壤碳的固存量和周转。例如，采用轮作和间作等种植模式，可以提高土地的利用率，增加植物的光合作用面积，从而增加光合碳的输入。同时，合理的轮作和间作还能改善土壤的物理、化学和生物性质，促进土壤有机碳的稳定和积累（Xiao et al.，2023）。此外，增加植被覆盖和延长植被生长期也是延长碳在土壤中停留时间的有效途径，能够提高土壤有机碳的固存量，增强土壤碳汇功能（Zhou et al.，2024）。

草地生态系统在全球碳循环中同样具有重要地位，草地碳储量约占全球陆地碳储量的1/3，其中约90%的碳以土壤有机碳和根系生物量形式储存在地下（Bai et al.，2022）。然而，气候变化和草地不合理利用导致草地大面积退化，草地生物多样性和生态系统功能下降，草地固碳能力降低，有机碳储量减少。为了提高草地生态系统的固碳能力，科研人员围绕草地生态系统固碳能力评估、碳固存机理及影响因素开展了大量研究。

退化草地生态恢复和放牧优化管理是提高草地生态系统保碳增汇的重要途径。生物多样性恢复后，全球草地可实现土壤有机碳固存潜力为每年 2.3~7.3 Gt CO_2e（Bai et al.，2022）。优化放牧管理后，草地的固碳潜力为每年 148~699 Mt CO_2e，而牧场播种豆科植物后，固碳潜力为每年 147 Mt CO_2e（Bai et al.，2022）。禁牧是退化草地恢复的主要措施，不同禁牧年限对土壤碳储存的影响不同。长期禁牧（36 a）会导致小于 2 mm 团聚体中微生物资源限制增加，降低微生物对碳的利用效率，减少土壤碳储存；适度禁牧（2~6 a）则能减少土壤微生物代谢限制，提高土壤碳储量（Ju et al.，2023）。长期禁牧会对草地地下生态服务产生负面影响，因此，未来应综合考虑立地环境条件和本底退化状况，合理规划最佳禁牧期以恢复草原生态系统功能。不同放牧强度对草地碳储量的影响也不同，轻度放牧（如季节性和轮牧）对土壤碳储量的负面影响最小，并在一定程度上可以促进土壤碳储量，而中度和重度（连续）放牧则会持续降低土壤碳储量（Bai et al.，2022）。

农业管理和气候因素相互作用，会改变微生物群落组成和微生物碳代谢，进而影响农业土壤有机碳的形成和积累（Tian et al.，

2024)。有机农业的增加可能引起全球土壤有机碳储量的大量减少，这主要是因为氮的缺乏引起土壤碳输入的减少。通过广泛地覆盖植物种植和加强植物残体的回收，在最佳的情境下，土壤有机碳库可以得到保护（Gaudaré et al.，2023）。用于作物生产的土地转换导致了土壤有机碳损失，这可以通过土地管理实践部分恢复，特别是通过以生物炭或有机改良剂的形式引入外源碳（Beillouin et al.，2023）。在未来气候变暖条件下，气候变暖和土壤有机碳损失之间的正反馈可能受到农业管理影响，长期保护性农业具有减缓气候变化的潜力（Tian et al.，2024）。气候变化对土壤有机碳的间接影响比直接影响更大（Beillouin et al.，2023）。

在机理方面，土壤有机碳分为稳定性有机碳和非稳定性有机碳。对于稳定性有机碳而言，在有可利用底物时，土壤微生物通过同化作用将易分解有机物转化为生物量和代谢物，死亡后以残留物形式稳定存在于土壤中，形成微生物残留物，贡献于土壤碳库。随着微生物群落的生长、繁殖和死亡循环，微生物源稳定性有机碳不断产生并积累，正向促进土壤碳库的形成，即微生物碳泵作用（梁超等，2021）。土壤矿物碳泵是指土壤矿物通过吸附、封闭、聚集、催化聚合和氧化还原等非生物作用，增强土壤有机碳的稳定性和持久性，防止其被微生物降解（Xiao et al.，2023）。土壤有机碳在土壤中的周转时间为碳元素通过植物光合作用，经过植物吸收、分配、生长以及掉落进入土壤中，再由微生物的分解作用脱离土壤生态系统的整个时间过程。周转时间越长，表明土壤有机碳稳定性越高，越有利于土壤碳固存（Zhou et al.，2024）。

（二）固碳技术突破与发展

1. 降低土壤微生物残体碳储量估算过程中的不确定性

与植物来源的有机碳相比，微生物衍生碳具有更强的抗化学结构，对矿物质和金属氧化物具有更大的亲和力，使其成为持久性有机碳库的重要组成部分。氨基糖分析已成为估算土壤中微生物衍生碳浓度的最普遍和被广泛接受的方法，不同的氨基糖与特定的微生物群相关，通过转换因子分别乘以土壤中胞壁酸和真菌衍生葡萄糖胺的浓度，可以估计细菌和真菌衍生的碳浓度。一般认为细菌和真菌的转化因子分别为 45 和 9，但这仍存在相当大的不确定性。利用全球数据库和人工智能技术使当前流行的微生物源碳估计公式中的一些关键参数的相对标准误差平均减少 71%，并将细菌群落组成的全球差异对估算微生物源碳的影响降到最低。Hu 等（2024）利用修正后的公式估计出的全球微生物源碳储量约为 758 Pg，约占总土壤有机碳储量的 40%。这一工作在提高微生物源碳估算公式准确性的同时保留了公式的简便性与实用性。鉴于微生物源碳独特的生物化学和功能，上述成果对建模工作以及预测当前和未来气候情景下的陆地-大气碳平衡具有直接影响。

2. 农田根际工程促进土壤固碳技术

对植物、土壤、微生物和农业管理进行有针对性的操纵，可以实现特定目标的根际库和过程的转变。农艺耕作方法包括选择植物物种和品种、覆盖种植、轮作、间作、轮牧、割草、延长植被期和灌溉等，所有这些方法（灌溉除外）都会增加根深，这是影响碳在土壤中长期平均停留时间的主要因素之一。在农田上，根深加深 5%~20% 会使碳固存量增加 30~130 kg C/($hm^2 \cdot a$)。物理耕作方法包括减少耕作、免耕、降低土壤密度、深松、局部施肥，这些方法通过改变根系形态和结构、根际沉积物的质量和数量、根系碳的分解和稳定以及微生物生物量和活动来增加碳固存。化学耕作方法包括减少施氮、减少施磷、将农作物残留物作为有机肥料进行覆盖管理、施用石灰、添加石膏和聚丙烯酰胺等。植物、微生物组和酶水平上的各种生物学方法可用于增加土壤碳固存，包括微生物接种（如菌根化、接种促进植物生长的微生物、固氮根瘤菌）、联合固氮细菌、酶工程和激素工程等。

3. 农田土壤碳库固碳增汇稳产灌溉施肥新模式

保护土壤碳库稳定性、减少土壤碳排放是缓解气候变化的重要举措。农田土壤碳库与施氮量、灌溉水量、水氮协同作用等因素存在显著相关性,但相对重要程度并不明了。中国农业科学院农田灌溉研究所作物需水过程与调控团队通过 8 年长期定位研究,系统对比了 3 种灌溉水平和 6 种氮肥施用量对小麦农田土壤碳库的影响,通过多元分析土壤碳库关联的多种因素发现,土壤水分对土壤碳储量具有负效应,对其变化贡献率达到 42.43%,水氮协同作用、土壤碳氮比对土壤碳储量具有正效应,对其变化贡献率分别达到 39.34% 和 11.24%。过量灌溉不利于土壤碳储量增加,灌水定额 36 mm、施氮量 180~240 kg/hm^2,可节约 20% 灌溉量和 33%~50% 施氮量,既能维持作物稳产又能促进根系增殖,能多贡献 3.95%~10.95% 的土壤碳储量。研究结果对华北平原优化灌溉、施肥管理和固碳减排决策具有重要意义(Li et al., 2023)。

4. 气候智慧型草地管理技术

气候智慧型草地管理技术由全球环境基金支持、世界银行与农业农村部共同实施的"气候智慧型草地管理"项目提出,是一种综合性的管理策略,旨在通过科学管理和技术创新,提升草地生态系统的生产力、固碳能力和应对气候变化的能力。气候智慧型草地管理技术从草地固碳减排、草地生产力提升、牧民生计改善和应对气候变化能力增强 4 个方面进行设计,主要技术包括春季休牧、免耕补播、圈窝种草和健康养殖等。技术的实施取得了显著的成效,以项目主要试点青海祁连县默勒镇为例,草地生产力在春季休牧和免耕补播下分别提高了 34.1% 和 50.0%,草地植被多样性增加;连续 3 年碳汇监测结果表明该项目实施区草-畜系统每年固碳减排近 10 万 t,为草地实现"双碳"目标创新了途径。该技术可以提高草地植被多样性、生产力和牧民收入,提升草地固碳减排等生态服务功能,实现人-草-畜系统协调发展(周程阳等,2022)。

5. 草地土壤固碳核算技术规程

科学评估草地土壤固碳能力是草地碳汇精准计量、市场交易的重要基础,通过核算草地土壤的固碳能力,可以了解草地资源的碳储量现状及其变化趋势，为制定合理的草地保护和管理政策提供数据支持。新疆发布实施《草地土壤固碳核算技术规程》，规定了草地土壤固碳的术语、核算要求、核算方法、核算原理及核算公式等内容，主要适用于北方地区草地土壤固碳核算。标准中核算方法有两种：实验法和估算法。实验法适用于可以测定土壤有机碳含量、土壤容重的情况，如天然草地；估算法适用于土壤有机碳无法直接测定或可以利用历史数据估算等情况，如人工草地。该标准的发布实施填补了草地土壤固碳核算技术标准的空白，为草地碳库及碳储量变化的计量、监测、评价奠定了基础，为草地固碳增汇技术研发、碳汇核算体系构建、生态系统碳汇提升等提供了科技支撑。

三、气候变化影响与农业适应科技[①]

（一）国际前沿

气候变化对全球带来巨大挑战，减缓与适应是人类应对气候变化的两种手段，只有减缓与适应协同推进，才能最大程度地减轻气候变化的不利影响，确保人类社会可持续发展（IPCC，2022）。发展绿色低碳农业是为了建设生态文明，减少农业生产过程中的温室气体排放，从根本上遏制气候变化趋势，改善农业生态系统，提升农产品品质；而适应气候变化则是面对日趋严峻的气候胁迫当前农业生产能够减少损失、稳定产量、持续供给的重要保障，也为农业绿色低碳发展保驾护航；两者相辅相成，缺一不可。

对于农业适应气候变化，近年来全球研究主要聚焦在两个层面。一个是微观尺度，基于作物对气候变化的响应机制重点探索人类活动如何应对气候变化影响，避免作物产量损失。基于改良的帕尔默（Palmer）干旱指数，采用多元线性回归法、深度学习算

---

① 执笔人：李阔。

法和侵蚀生产力影响计算器模型3种方法，分析了干旱对中国灌区和非灌区小麦产量的影响，评价了不同代表性路径浓度（representative concentration pathway，RCP）下灌溉适应策略的有效性，研究发现，RCP2.6和RCP6.0情景下，在充足灌溉条件下，旱情对小麦产量的影响显著减小；而RCP8.5情景下灌溉对提高粮食安全的有效性较小（Zhang et al.，2023）。基于全球水稻种植数据集，采用机器学习方法，将实地研究结果扩展到全球稻田，并综合考虑全氮输入量、有机氮源类型和有机氮比例，提出了最优氮肥与灌溉适应方案，研究发现，与常规情况相比，最佳有机氮管理与间歇灌溉相结合，可以使全球净增温潜势降低21%，全球水稻产量提高9%（Liu et al.，2024）。

基于连续10年的小麦—玉米种植系统对照试验，分析了气候变暖和农业管理对土壤有机碳持久性和潜在微生物的交互作用机制，发现在全球变暖背景下保护性耕作（免耕、刈茬）提高了有机碳含量，加速了真菌群落的更替，微生物碳利用效率和生长随时间呈线性增加，尤其是5年后正增温效应更强，因此保护性耕作可以作为有效的适应措施应对气候变暖导致的土壤养分流失（Tian et al.，2024）。Liu等（2023）开发了一个基于环境-基因-气候的压力模型，改进并完善农业系统模型，提出了种植系统适应内涝的途径。研究发现，气候变化背景下涝渍造成的产量损失将从3%～11%增加到2080年的10%～20%，在未来气候条件下，改变播种时间和采用耐涝基因型作物可减少18%的产量损失，而提前播种冬季基因型作物可减轻8%的涝灾损失。由此可见，播期调整与品种选育是适应未来气候变化的有效举措。

利用1960—2018年北美小麦育种试验数据集，评估了当前和未来气候下的小麦品种遗传响应。结果表明，每升温1℃，对照品种产量下降5.5%，冬小麦高级育种系产量下降3.6%，表明冬小麦高级育种系具有优越的气候适应能力，而春小麦高级育种系每升温1℃减产7.5%，比对照品种（减产7.1%）更为敏感，表明春小麦的气候适应能力没有提高，甚至可能下降；整体来看，在未来气候条件下，即使采用先进的育种品种，冬小麦和春小麦的产量也呈现下降趋势，表明未来气候变暖可能超过当前育种进展带来的产量增长，因此当前小麦育种策略必须进行调整从而提升其未来气候变化适应性（Zhang et al.，2022）。基于农业生态区建模框架，评估未来气候变化条件下作物复种指数的空间变化，结果表明，未来单、双、三熟区将向北扩展，这将为开展轮作充分利用气候资源提供良好机会。在当前灌溉效率下，复种机会的增加将使粮食年生产潜力平均增加（89±49）Mt；在现代化灌溉效率下，平均增加（143±46）Mt，若将66%的增产潜力用于保障中国粮食安全，将极大地缓解全球粮食市场压力（Liang et al.，2023）。

通过对变暖情景下作物需水量与降水可用性的预测，评估了全球农业降水短缺状况，指出未来气候变化条件下降水无法满足全球作物用水需求；在当前气候条件下，降水资源短缺可导致8.9亿人失去粮食供给保障，在升温1.5℃和3℃的情况下，降水资源短缺将进一步加剧，影响全球作物生产，可能分别导致12.3亿人和14.5亿人出现粮食紧缺。如果采取适应策略将更多的降水保留在土壤中并减少蒸发，由降水短缺造成的粮食生产损失将大幅度减少，影响将降低至7.8亿人，因此适当的降水资源管理策略具有使农业适应气候变化和促进全球粮食安全的潜力（He et al.，2023）。

近年来，部分农业适应气候变化研究聚焦宏观层面，从粮食系统角度探索适应气候变化解决方案。Zhao等（2024a）从全球粮食供给与需求角度，分析气候变化对粮食安全的影响，提出全球健康饮食结构调整将有效提升未来粮食系统适应气候变化的能力。结果表明，1990—2018年，气候变化对92%的受评估国家粮食生产产生了不利影响，28%的国家粮食需求下降速度大于粮食供应，全球35%人口的粮食安全未受气候变化的影响；由于饮食变化加快了粮食需求的增长，全球2%的人口未从气候变化对粮食生产的积极影响中受益。Zhao等（2024b）从营养需求与粮食安全角度，探索气候变化背景下实现中国粮食和饲料蛋白质自给自足的综合适应措施，提出包含技术创新、综合空间规划和需求侧改革的整体粮食系统创新策略。研究发现,粮食系统创新可以弥补中国未来近80%的蛋白质缺口,同时减少57%~85%的农业进口环境影响,与2050年基线情景相比,采用这些适应策略还可减少22%~27%的温室气体排放和73%~81%人们对氨的有害接触。

基于气候变化对农业环境影响的全球最新研究成果,提出粮食系统适应气候变化4个优先需要解决的问题,即如何加快新兴适应技术研发促进健康食品成本降低,如何定量全球尺度的气候变化-农业系统反馈效应,如何减少或消除气候变化、农业和生物多样性丧失之间复杂的反馈循环,目前采用的适应措施可能会产生什么意想不到的或间接的影响(Yang et al.,2024c);回顾美国联邦政府、私营企业以及民间社会组织在适应气候变化方面的规划及措施,指出不同群体面对气候变化风险所采用的方法差别越来越大,这种差异增加了整个社会的脆弱性,导致基础设施的盲目投资;转型适应需要通过解决脆弱性的根本驱动因素来应对气候风险的严重性,要协调跨部门和跨灾害的适应,需要系统性思考;农业作为粮食系统的核心,应对气候变化不能仅从农业领域探索适应策略,还需要考虑农业与其他产业的联动,从粮食系统角度探索综合适应路径具有重要的现实意义(Shi et al.,2021)。

(二)适应技术突破与发展

从全球农业适应气候变化研究看,当前主要在高效生物育种技术、智慧农业技术两个方面展开突破性研究,抗逆性品种选育为作物抵御极端气候事件与病虫害提供了绝佳工具,物联网、智能农业机械、大模型等新兴技术应用则为智慧农业发展提供了机会。

1. 高效生物育种技术

主要通过基因组学、基因功能性状解析、分子标记辅助育种、杂交等技术,把多种优异的基因快速聚合起来,培育作物新品种。多数农艺性状受多基因调控,并具有"模块化"特性,因此可以综合运用基因组学、计算生物学、系统生物学、合成生物学等手段，解析高产、稳产、优质、高效、抗逆等重要农艺性状的分子模块，揭示分子模块系统解析和耦合规律，从而通过多模块的组装培育出新品种。我国在该领域处于追赶状态，但在水稻分子模块设计育种技术方面优势明显，李家洋院士团队运用分子模块设计育种的理念和技术，通过精准设计，对原始野生稻的基因进行精准改造，耦合了粒型、抗稻瘟病、优异稻米品质、抗倒伏等分子模块，成功创制了落粒性降低、芒长变短、株高降低、粒长变长、茎秆变粗、抽穗时间缩短的水稻新材料，将野生稻的驯化过程从数千年缩短到十余年，为将来培育水稻新作物提供了技术路线。

高效生物育种技术正在朝着智能方向发展，通过融合大数据和更精准的智能技术，育成品种可根据环境及自身需要，智能选择需要的功能性状基因进行表达。以水稻等作物为例，其抗旱、抗虫、抗病等基因，在无旱、虫、病时也要表达，需消耗能量，但智能品种如果受到某种气候灾害或病虫害威胁，作物就会智能决定抗该气候灾害或病虫害的基因表达，威胁结束后也会智能关闭。

2. 智慧农业技术

主要通过节约机制、精准化机制和协同机制发挥促进作用。具体来说，智慧农业技术利用物联网、感应器实现对农业生产过程的持续监测和自动决策，数据成为新的生产要素并推动生产方式转变，实现对气候灾害的精准预警、预报、自动采取适应措施。基于监测与自动控制智慧农业技术可以实现生产管理与化肥农药投入与动植物生长过程、需求精准匹配，有效应对气候变化导致的水、光照、热量等气候资源短缺。基于数据信息在生产环节之间及产业链上下游之间的流动共享，智慧农业使得专业化的农业生产环节进一步实现协同，提高农业生产的系统性、整体性、协同性，从系统角度制定粮食系统综合适应策略。

基于物联网传感器收集数据、5G网络传输信息，并通过移动应用程序实时提供准确决策信息，可以实时监测大气温度、降水、风速、土壤温度和湿度等农田环境信息，目前正在从传统传感器向可感知复杂种植/养殖环境信息以及生命体征动态信息的新型多功能复合传感器转变，微型、低成本、自适应、微功耗、高可靠性的农业传感器是近年来的发展趋势。

随着农业物联网技术的发展，越来越多的智能装备被广泛应用在农业领域中，逐步取代传统农业作业方式。轻量化、小型化、智能化、低成本作业装备将越来越多，进一步推进农机与农艺的深度融合；无人驾驶旋耕机、无人驾驶水稻直播机、无人驾驶主从导航收获机等新式农业机械可以实现从整地、播种、田间管理及后期收获、干燥等全流程作业，是当前智慧农业技术的重要发展方向。

3. 农业大模型技术

随着大模型技术的发展，农业大模型研发方兴未艾，其在气候中短期预测预报、农作物灾害识别检测、作物受损与产量快速评估、农田精准化生产决策等方面具有明显优势。农业大模型可以为农民提供准确可靠的数据信息，通过对土壤墒情、作物长势、灾情、虫情等关键信息的实时监测分析结果，帮助农民制订科学合理的农业生产计划，预测作物的最佳播种时间，根据作物品种和生长周期数据来提供施肥建议；可以助力农业生产应对气候变化的影响，通过对气候数据的采集和分析，可以生成气候预测模型，使农业生产者能及时采取措施，减轻不利天气事件造成的负面影响，降低农业风险。

四、宏观政策研究[①]

"双碳"目标为农业发展赋予新内涵，减排固碳成为农业发展新目标，因此要推进农业低碳发展，加速农业转型升级。在"双碳"目标导向下，我国农业减排固碳的经济价值实现可以通过产品溢价、引入碳金融工具、进行碳交易3条路径实现。一是绿色低

---

① 执笔人：刘静、郑莹、马宁、潘慧晶。

碳农产品的溢价;二是引入金融工具使低碳生产者获得低利率的绿色信贷;三是创建和完善碳市场,使农业的减排固碳成为可以交易的碳资产(金书秦等,2022)。多数发达国家和地区(欧盟、美国、加拿大、日本、澳大利亚、新西兰等)采用生态或环境补贴的形式来激励和推广农业低碳生产技术,对永久草地、休耕地等给予财政支持。一些国家(葡萄牙、立陶宛、南非、新加坡等)针对高排放高污染的农业生产活动和产品征收环境税或碳税。欧盟碳交易市场较为成熟,农户在种植、养殖中采取减排固碳措施可从碳交易中获益,抵消减排成本。新西兰已开放碳交易市场,并通过气候变化应对修正案改革碳交易,拟从2025年开始对农业排放定价。

(一)财税政策

从政策角度看,政府制定的环境法规和政策,如碳税、碳交易市场、排放标准和可再生能源补贴,在减少碳排放方面发挥着至关重要的作用(龙小燕等,2024)。此外,碳定价可以减少特定地区的碳排放,尽管其影响通常更针对特定国家,碳税和碳减排技术与绿色能源投资、温室气体排放密切相关,有助于实现碳减排的可持续发展目标,并提升环境质量。目前国外服务于不同国家、不同时期的政策目标,以"二选一式""并行式""交叉式"等方式实施碳市场与碳税(冯俏彬,2023)。有学者建议,应将碳税作为中央和地方共享税,合理规划碳税收入使用方式;确定合理的征税范围,涵盖除全国碳交易市场覆盖的其他所有行业;将含碳化石能源作为征税对象,以估算的二氧化碳排放当量(CO_2e)作为计税依据;采用低税率起征、阶梯式上调的方式设置碳税税率,充分发挥碳税的碳减排作用;遵循税收中性原则,实施合理的税收优惠与使用政策,降低企业和个人的税收负担并促进低碳技术的发展;建立碳税与碳交易协调互补机制和碳税征管部门协作机制,调节碳排放配额中出现的不公平情况,并为碳税的征管工作提供强力支撑(王钦,2023;李书林等,2023;潘楠等，2024）。

节能减排财政政策可以有效提高绿色全要素碳效率，从经济角度看，这些政策可以促进投资和经济增长，它们显著提高了企业的绿色信用，并可以促进城市可持续发展（刘宇等，2024）。绿色财政政策通过经济激励、价格机制、基础设施支持和增强公众环境意识，显著减少碳排放和提高碳效率（王曙光等，2024）。有学者通过使用严格的机器学习辅助系统评价和整合分析评估碳定价在减少排放方面的有效性，根据从21个碳定价方案的80项因果事后评估中提取的483个效应大小，发现尽管在大多数情况下价格水平较低，但引入碳价格为至少17项政策带来了即时和实质性的减排，统计上显著的减排范围为 $-21\% \sim -5\%$（校正偏差后为 $-15\% \sim -4\%$）。有学者借助可计算一般均衡模型（computable general equilibrium model，CGE），对比分析了从排放端和燃料端征收碳税对我国宏观经济、能源消费、碳减排和行业产出及进出口的影响（庞军等，2023）。

（二）金融政策

当前，我国经济发展面临需求收缩、供给冲击、预期转弱的三重压力，"十四五"期间各领域资金需求加大，财政之外的金融支持显得尤为重要。金融机构通过对金融资源的优化配置和引导，可将更多的资源投向农业绿色发展，为农业绿色转型资金来源创造更多的可能性。绿色金融更多考虑环境、社会和治理等因素，可激活和唤醒绿水青山潜藏的经济价值，能够将农业绿色生产方式带来的巨大生态红利转化为经济收入。同时，在"双碳"目标背景下，农业绿色发展所带来的经济效益、环境效益和生态效益也能够进一步推动绿色金融的发展。

目前，我国已在政策层面明确绿色金融的发展思路、目标和框架，人民银行初步确立了"三大功能""五大支柱"的发展思路，围绕"双碳"目标，出台了"1+N"的政策体系，形成了制度性、基础性的政策框架（段琳，2022）。绿色金融支持农业绿色发展的方式逐渐多样化，形成了包含绿色信贷、绿色保险、绿色债券、绿色基金、碳金融等多种工具的金融产品和服务体系，给予生产主体、加工主体、研发主体、服务主体以金融支持（庞洁等，2022），为农业碳汇项目提供多元化融资渠道，促进农业碳汇市场化发展（何可等，2023）。碳金融产品指建立在碳排放权交易的基础上以碳配额和碳信用等碳排放权益为媒介或标的的资金融通活动载体，能够提升碳市场交易活跃度、促进生态产品价值实现、提供风险管理工具、盘活碳资产（吴光豪，2024）。

（三）碳交易政策

1. 碳交易

碳交易是一种被用于控制温室气体排放的市场工具，通过将碳排放权作为一类商品，形成相应的交易体系（何可等，2023）。碳交易政策是以应对气候变化和减少温室气体排放而进行的基于市场的重大机制创新。

中国的碳交易市场尚处于早期阶段，有学者认为应当进一步完善碳交易机制，提高碳价格的市场化程度，增强碳交易市场的活跃度。同时，可以借鉴国外经验，探索将碳交易与碳税相结合的混合政策，以实现更有效的减排目标（田云等，2024a）。随着中国碳交易市场规模的逐步扩大，碳交易政策对产业结构升级优化的影响备受关注。碳排放权交易政策的制定和实施是在向市场传递一种重要信号，碳价格信号通过对企业主体的碳减排量进行市场定价，可对企业碳排放行为施加成本约束。同时，制定有利于"双碳"目标实现的投入补偿政策，激励金融机构扩大对绿色信贷、专项担保和保险的支持，引导和鼓励社会资本流向绿色低碳发展领域。有学者建议，可以采取设立农业低碳发展专项资金、发行农业低碳发展债券、开展农业低碳PPP项目等方式，吸引社会资本投资，支持农业低碳技术研究和应用（张俊飚等，2024），并将碳减排和碳汇产品纳入碳交易体系内，构建一个各方共同参与的碳交易机制，激发各方采用绿色低碳生产生活方式的积极性（何可等，2024）。此外，建立科学合理的碳定价机制，是促进农业低碳发展的重要手段。有学者建议，可参考国际经验并结合中国国情，制定差异化的碳定价政策，并根据碳排放强度、减排成本等因素进行动态调整，引导农业生产方式转变；鼓励发展绿色低碳农产品，可以通过建立绿色低碳农产品认证体系、完善绿色低碳农产品市场流通体系等措施，提高绿色低碳农产品的市场竞争力，引导消费者选择绿色低碳农产品（金书秦等，2022）。

总体来看，中国碳交易市场（尤其是配额交易市场）与发达经济体相比存在一定差距，相关体制和机制尚不完善，一些情况和问题尚待阐明和解决（马勇等，2023）。与欧洲和美国更成熟的市场相比，中国的碳市场整体运营效率和碳价格的作用目前受到限制。因此，一些学者致力于利用数字技术通过预测价格和估算碳排放来提高碳交易效率。例如，Zhu等（2017）利用经验模态分解和机器学习来预测碳价格；其他研究提倡使用先进的深度学习算法，例如卷积神经网络预测未来的碳排放水平，进而优化碳排放配额交易策略（Zhao et al., 2023）。此外，还有人提议利用区块链技术预测碳排放交易（Yang et al., 2024a）。也有学者研究发现，企业通过数字化转型应对碳价格波动，在数字技术市场低迷的情况下，单位产品的碳排放量和碳价格对企业数字化水平产生积极影响；在高数字技术市场场景中，企业将启动全面的数字化转型战略。数字化转型战略对碳排放总量的影响因数字技术水平不同的市场而异（Chen et al., 2024）。

2. 农业碳汇研究

随着测算体系的日臻完善，关于农业碳汇的研究成果越来越多。鉴于农业兼具碳源、碳汇双重属性，学者更为关注农业净碳汇的变化趋势（田云等，2023）。其中，国外学者主要对美国、加拿大、东欧等国家和局部地区的农业净碳汇进行测算和比较（Winkler et al., 2023）。国内学者多对省级或者全国农业碳汇、净碳汇、种植业碳汇、林业碳汇进行测算与分析（姜乐恒等，2024；李亚宁等，2024）。研究发现，中国农业碳汇功能发挥稳定，固碳量持续稳步上升，主要归功于农作物自身固碳能力与稻田土壤固碳能力不同程度的增长（于卓卉等，2022）。关于农业净碳汇，国家层面整体呈持续增长的碳盈余状态，多数省（区、市）实现碳中和并逐渐偏向高碳盈余状态，净碳汇总量呈由东向西依次递减的分布格局，并存在高值集聚增多、低值集聚减少的向好趋势（贯君等，2024）。

与此同时，农业碳汇市场化也是近年的研究热点。农业碳汇潜力巨大，具有较强的市场交易价值，目前已在国际上引起了广泛关注，如澳大利亚与美国的农田碳汇项目，通过以公司或者交易所为媒介，在相关政策法案支持下进行农田碳汇交易。国内的碳汇市场化研究要略晚于国外，多围绕碳汇交易及其交易保障机制展开，且研究对象以林业碳汇为主。除此之外，学者还围绕林业碳汇交易的产权体系（柯水发等，2022）、质押贷款融资模式（秦涛等，2023）等展开深度探讨，以助力我国尽早建立健全全国统一林业碳汇交易支付体系，促进碳汇生态价值和经济价值的实现。

3. 生态产品价值实现

生态产品价值实现是在具有中国特色"习近平生态文明思想"和"两山"理论政策背景下形成的理论框架（朱竑等，2023），为推动中国高质量发展和实现共同富裕，为中国生态产品价值实现构建一个独具特色的理论框架。生态产品价值实现的概念目前尚未形成统一认识。有学者认为生态产品价值实现本质上是使用价值转化为交换价值的过程（张林波等，2021），也有学者认为是生态效益显性化与货币化的过程（于贵瑞等，2022），还有学者从参与主体的视角出发，认为是消费主体与生产供给主体之间利益协调、价值转移的过程（丘水林等，2021；王会等，2022）。在实践中，生态产品价值核算方法通常集中在生态资源的数量、流量和质量等方面。生态系统类型的分类不充分，导致难以精确计算生态产品的价值,并且由此产生的评估缺乏广泛适用的参考点。迄今为止,还没有一种国际公认的精确方法来解释生态价值。实现生态产品价值的主要方法以政府为主导,以市场为辅。在某些地区,人们也在探索基于市场的生态产品供应方法,利用政府引导的企业投资作为发展手段。目前,我国已在浙江、福建、湖南、江苏、贵州、重庆等地开展试点工作,取得初步成效。

4. 农业碳排放影响因素研究

国内外学者目前基于农业碳排放测算体系构建,对中国及其他国家的农业碳排放进行测算(田云等,2024c;胡永浩等,2023)。现有结果表明,我国碳排放总量、绝大多数省(区、市)以及各区域农业碳排放量均呈现下降态势,全国已趋近达峰。从气体成分看,虽然CO_2占比上升趋势明显且增速越来越快,但目前农业碳排放仍以CH_4和N_2O为主,二者占据农业碳排放总量的85.67%。从碳源结构上看,随着农业现代化进程的不断加快,能源消耗正逐渐成为农业碳排放的主要来源,而水稻种植以及化肥、农药、塑料薄膜等农用物资的使用也扮演了重要角色(赵敏娟等,2024)。在农业碳排放的影响因素方面,学者主要探讨了农业机械化水平(贺青等,2023)、数字经济(田云等,2024b)、农产品贸易、保险、绿色金融、农业公共投资、技术进步、土地规模经营、农业产业集聚、农业产业结构等方面的主导因子(李宽等,2024;刘景政等,2024;姚佳好等,2023;黄伟华等,2023),且这些主导因子之间存在明显的交互增强关系。

5. 关键方法与模型

(1) IPCC碳排放核算法

目前农业碳排放测算研究中最为常见的方法是排放系数法(或排放因子法),该方法来源于IPCC的《国家温室气体清单指南》。在应对全球气候变化和实现可持续发展的过程中,IPCC碳排放核算法提供了一个全球公认的框架,用于量化和评估温室气体排放。

近两年的研究表明，IPCC 碳排放核算法在全球气候变化研究和政策制定中具有重要作用和应用价值。有学者使用 IPCC 的排放因子数据来估算中国的 CH_4 排放量，通过结合中国的具体减排成本数据，对 2060 年前的 CH_4 减排潜力进行详细分析，展示了 IPCC 碳排放核算法在区域和行业层面的应用价值，强调了非 CO_2 温室气体在 IPCC 核算体系中的重要性，这直接关联到 IPCC 核算框架中对非 CO_2 温室气体的评估和管理（Khanna et al., 2024）。同时，有学者对 IPCC 特别报告的影响提升策略进行讨论，不仅强调了 IPCC 在制定全球气候变化政策中的重要性，还探讨了如何将 IPCC 的研究成果更有效地应用于城市层面的气候变化应对策略。此外，气候专家对 CO_2 减排和未来变暖的看法进一步强化了 IPCC 评估报告中关于排放路径和气候影响的科学共识（Wynes et al., 2024）。IPCC 的方法还被用来更新和监测全球碳排放情景，展示 IPCC 碳排放核算法在跟踪全球温室气体排放趋势和评估减排政策效果方面的关键作用（Burgess et al., 2025; Liu et al., 2023）。

IPCC 碳排放核算法为科学研究提供了一个标准化的框架，帮助研究人员和政策制定者更好地理解和应对气候变化带来的挑战。

（2）GCAM-China 气候变化综合评估模型

全球变化评估模型（Global Change Assessment Model, GCAM）作为一个全球气候变化的综合评估模型，主要描述了 5 个系统（能源系统、水资源系统、农业和土地利用系统、生态系统、气候系统）各自的行为和彼此间的复杂关系。该模型被广泛应用于国家和国际尺度上的情景设计与政策评估（Dong et al., 2018; Vittorio et al., 2018; Calvin et al., 2019; Wang et al., 2016），也是 IPCC 在进行气候影响与适应性评估时的常用模型之一（IPCC, 2007; IPCC, 2014）。

GCAM 模型因其能够模拟能源系统、土地利用和气候变化之间的复杂相互作用，被学者用来评估不同碳移除策略的潜在效果及其对经济的冲击，并探究了短期内部署 CO_2 移除技术对于减缓美国实现净零目标过程中的脱碳速度和经济风险的影响（Adun et al.,

2024)。此外，还有学者利用 GCAM 模型来评估全球气候缓解措施对区域空气质量和公共健康的影响（Huang et al.，2023）。通过模拟不同的气候政策，GCAM 有助于识别减少温室气体排放对改善空气质量和降低健康风险的潜在益处。

为研究气候变化下中国各省（区、市）的社会经济与能源发展路径，PNNL 进一步开发了中国嵌套版本的综合评估模型 GCAM-China（Yu et al.，2019）。我国学者基于 GCAM-China 模型，设计不同力度的减排路径，并对各个路径下未来空气质量及相关健康损失变化进行对比分析，揭示中国实施碳中和与清洁空气协同路径所产生的巨大健康效益，并定量解析未来推动空气质量改善和减少污染健康损失的主要驱动因素（Qin et al.，2024）。研究利用 GCAM 来评估不同气候缓解策略对空气质量和公共健康的潜在益处，特别是在减少细颗粒物（$PM_{2.5}$）浓度和相关健康风险方面的贡献。

(3) 可计算一般均衡（CGE）模型

CGE 模型是基于一般均衡理论而来的可以计算出均衡解的模型，一个典型的 CGE 模型就是用一组方程来描述供给、需求以及市场关系。在这组方程中商品和生产要素的数量、所有的价格（包括商品价格）、工资都是变量，在一系列优化条件（生产者利润优化、消费者效益优化、进口收益利润和出口成本优化等）的约束下，求解这一方程组，得出在各个市场都达到均衡的一组数量和价格。

在近几年的研究中，CGE 模型在多个领域得到应用，特别是在气候变化、环境政策和经济发展的研究中。有学者利用 CGE 模型探讨了全球钢铁厂的 CO_2 排放情况以及实现碳中和的路径（Lei et al.，2023）。CGE 模型在此类研究中被用来评估不同减排政策对经济的影响，以及这些政策对特定行业，如钢铁产业的影响，从而帮助制定更有效的减排策略。还有学者使用 CGE 模型来评估全球农田氮污染减排的成本效益（Gu et al.，2023），通过模拟不同的农业管理实践和技术变革，CGE 模型有助于识别经济上可行的减排措施，同时考虑对农业生产力的影响。此外，CGE模型还能够模拟气候变化政策对不同社会经济群体的影响，从而评估这些政策可能加剧或缓解不平等的程度（Emmerling et al.，2024）。

CGE模型因其能够模拟宏观经济系统运行和价格调节机制、分析政策工具的影响和效应而备受"双碳"目标研究者的青睐。这些研究展示了CGE模型在评估气候变化政策对经济、环境和社会多方面影响的能力，尤其是在制定和评估全球气候变化缓解策略中的重要性。

参考文献

陈云，孟轶，翁文安，等，2024. 硝化抑制剂双氰胺施用对水稻产量和温室气体排放的影响[J]. 中国稻米，30（1）：26-29.

段琳，2022. 双碳目标下绿色金融发展对策研究[J]. 商业经济（7）：177-179.

冯俏彬，2023. 碳定价机制：最新国际实践与我国选择[J]. 国际税收（4）：3-8.

冯夕，江长胜，彭小乐，等，2019. 轮作方式对冬水田温室气体排放的影响[J]. 环境科学，40（1）：392-400.

冯晓娟，戴国华，刘婷，等，2024. 从生物地球化学视角理解土壤碳封存的机制和潜在途径[J]. 中国科学：地球科学，54（11）：3421-3432.

高尚洁，刘杏认，李迎春，等，2024. 施用生物炭和秸秆还田对农田温室气体排放及增温潜势的影响[J]. 中国农业科学，57（5）：935-949.

贯君，张少鹏，任月，等，2024. 中国农业净碳汇时空分异与影响因素演进分析[J]. 中国环境科学，44（2）：1158-1170.

郭树芳，齐玉春，罗小玲，等，2016. 滴灌对干旱区春小麦田土壤CO_2、N_2O排放及综合增温潜势的影响[J]. 农业环境科学学报，35（4）：792-800.

何可，张俊飚，2024. "双碳"目标下的乡村生态建设：现实基础、主要问题与实现路径[J]. 世界农业（4）：38-49.

何可，朱信凯，李凡略，2023. 聚"碳"成"能"：碳交易政策如何缓解农村能源贫困？[J]. 管理世界，39（12）：122-144.

贺青，张俊飚，张虎，2023. 农业机械化对农业碳排放的影响：来自粮食主产区的实证 [J]. 统计与决策，39（1）：88-92.

胡永浩，张昆扬，胡南燕，等，2023. 中国农业碳排放测算研究综述[J]. 中国生态农业学报(中英文)，31(2)：163-176.

黄伟华，祁春节，聂飞，2023. 财政支农、技术溢出与农业碳排放 [J]. 软科学，37（2）：93-102.

黄祖辉，米松华，2011. 农业碳足迹研究：以浙江省为例 [J]. 农业经济问题，32（11）：40-47，111.

姜乐恒，韩笑，龙天娥，等，2024. 黄河三角洲植被碳汇时空格局及其影响因素 [J]. 东北林业大学学报，52（8）：95-104.

金书秦，丁斐，胡钰，2022. 农产品碳标识赋能农业生态价值实现：机理与建议 [J]. 改革（8）：57-66.

柯水发，纪元，黄雷，2022. 新一轮中国集体林权制度改革：演进历程、驱动因素与融合趋势 [J]. 农林经济管理学报，21（4）：424-432.

李宽，史磊，张弘，2024. 我国新型农业经营主体发展对农业碳排放强度的影响："减碳效应"或"增碳效应"[J].农业技术经济(11):51-73.

李书林，董战峰，龙凤，2023. 国际碳税政策实践发展与经验借鉴[J]. 中国环境管理，15（4）：35-43.

李亚宁，吴秀芹，2024. 中国三大粮食作物耕地生态系统碳足迹分析 [J]. 北京大学学报（自然科学版），60（3）：575-584.

梁超，朱雪峰，2021. 土壤微生物碳泵储碳机制概论 [J]. 中国科学：地球科学，51（5）：680-695.

刘景政，穆月英，2024. 农业保险发展的碳减排效应：理论机制与实证检验 [J]. 中国农业资源与区划（网络首发）.

刘宁，张硕，梁栋，2024. 绿色财政政策是否会提高碳排放效率：来自"节能减排财政政策综合示范城市"的证据 [J]. 煤炭经济研究，44（1）：79-89.

龙小燕，李明，2024."双碳"目标下我国碳减排税收体系构建：机理、挑战与路径 [J]. 经济纵横（2）：60-66.

马勇，李美仪，2023. 中国碳交易市场的运行效率与风险测算 [J]. 国际金融研究（8）：17-29.

潘楠，杨晓丽，2024. 国际碳税政策实践发展与经验借鉴［J］. 金融经济（1）：77-85.

庞浩，胡钰，金书秦，2022. 金融支持农业绿色发展：机遇、场景与政策需求［J］. 农村金融研究（7）：22-28.

庞军，李戈，2023. 碳税的计税依据：燃料端还是排放端？：基于中国多部门 CGE 模型［J］. 山西大学学报（哲学社会科学版），46（5）：131-142.

秦涛，杜亚婷，陈奕多，等，2023. 林业碳汇质押贷款融资模式比较、现实困境与突破方向［J］. 农业经济问题（1）：120-130.

丘水林，靳乐山，2021. 生态产品价值实现：理论基础、基本逻辑与主要模式［J］. 农业经济（4）：106-108.

沈玉洁，裴小涵，赵敏娟，2024. 互联网使用对农业碳排放效率的影响：来自豫湘黑三省粮食种植户的实证检验［J］. 资源科学，46（7）：1314-1329.

田云，蔡艳蓉，2024a. "双碳"目标下的农业碳问题研究进展及未来展望［J］. 华中农业大学学报，43（3）：75-88.

田云，蔡艳蓉，张蕙杰，2024b. 数字经济对农业碳排放效率的影响：基于门槛效应和空间溢出效应的检验［J］. 农业技术经济（网络首发）.

田云，贺宜畅，2023. 农村劳动力转移促进了农业碳减排吗？基于30个省份的面板数据检验［J］. 中国地质大学学报（社会科学版），23（5）：61-73.

田云，张蕙杰，2024c. 中国农业碳排放效率时空格局及空间分异机理［J］. 社会科学辑刊（2）：172-182.

王国璀，胡发龙，李含婷，等，2024. 绿肥提高农田土壤有机碳固存机制的研究进展［J］. 植物营养与肥料学报，30（6）：1185-1198.

王会，李强，温亚利，2022. 生态产品价值实现机制的逻辑与模式：基于排他性的理论分析［J］. 中国土地科学，36（4）：79-85.

王钦，2023. 我国开征碳税的现实依据及政策应对［J］. 时代金融（2）：47-49.

王曙光，张泽群，2024. 财政激励下主产区粮食低碳生产"稳中求进"策略：基于演化博弈模型的分析［J］. 商业研究（1）：131-142.

魏梦升，颜廷武，罗斯炫，2023. 规模经营与技术进步对农业绿色低碳发展的影响：基于设立粮食主产区的准自然实验［J］. 中国农村经（2）：41-65.

魏新彦，刘颖，张俊飚，2023. 气候智慧型农业项目能否抑制农业碳排放：来自安徽气候智慧型主要粮食作物生产项目的经验证据［J］. 浙江农业学报，35（3）：676-687.

吴光豪，2024. 碳金融产品发展路径探析［J］. 金融纵横（2）：32-40.

姚佳妤，刘蕾，范晓鑫，等，2023. 技术认知与推广对农户低碳农业技术采纳行为的影响研究［J］. 干旱区资源与环境，37（12）：21-30.

尹忞昊，田云，卢奕亨，2023. 中国农业碳排放区域差异及其空间分异机理［J］. 改革（10）：130-145.

于贵瑞，郝天象，朱剑兴，2022. 中国碳达峰、碳中和行动方略之探讨［J］. 中国科学院院刊，37(4)：423-434.

于卓卉，毛世平，2022. 中国农业净碳排放与经济增长的脱钩分析［J］. 中国人口·资源与环境，32（11）：30-42.

张俊飚，梁志会，2024. 绿色低碳发展驱动农业强国建设的推进策略与政策保障［J］. 经济纵横（9）：40-47.

张林波，虞慧怡，郝超志，等，2021. 国内外生态产品价值实现的实践模式与路径［J］.环境科学研究，34（6）：1407-1416.

张壮，田云，陈池波，2023. 政策性农业保险能引导农业碳减排吗？［J］. 湖南农业大学学报（社会科学版），24（2）：29-38.

赵敏娟，石锐，2024."双碳"目标下农业绿色发展的内涵、挑战及路径选择［J］. 社会科学辑刊（2）：162-171, 239, 241.

周程阳，刘灏，黄顶，等，2022. 气候智慧型草地管理技术助力牧区振兴［J］. 中国农学通报，38（20）：156-164.

朱竑，陈晓亮，尹铎，2023. 从"绿水青山"到"金山银山"：欠发达地区乡村生态产品价值实现的阶段、路径与制度研究［J］. 管理世界，39（8）：74-91.

朱强，车宗贤，崔恒，等，2024. 绿肥替代氮肥对麦田温室气体的影响［J］.中国农业科技导报(网络首发).

祝伟，王瑞梅，2023. 技术进步和经营规模对农业碳排放的影响研究［J］. 农业经济（2）：13-15.

ABDO I A, SUN D, SHI Z, et al., 2024. Conventional agriculture increases global warming while decreasing system sustainability [J]. Nature Climate Change, 15 (1): 1-8.

ADUN H, AMPAH D J, BAMISILE O, et al., 2024. Near-term carbon dioxide removal deployment can minimize disruptive pace of decarbonization and economic risks towards United States' net-zero goal [J]. Communications Earth & Environment, 5 (1): 770.

AMPAH D J, JIN C, LIU H, et al., 2024. Deployment expectations of multi-gigatonne scale carbon removal could have adverse impacts on Asia's energy-water-land nexus [J]. Nature Communications, 15 (1): 6342.

BAI Y F, COTRUFO M F, 2022. Grassland soil carbon sequestration: Current understanding, challenges, and solutions [J]. Science, 377 (6606): 603-608.

BEILLOUIN D, CORBEELS M, DEMENOIS J, et al., 2023. A global meta-analysis of soil organic carbon in the Anthropocene [J]. Nature Communications, 14 (1): 3700.

BURGESS G M, DANCER A, 2025. Keeping emissions scenarios current [J]. Nature Climate Change, 15 (2): 1-2.

CALVIN K, TURNER S, HEJAZI M, et al., 2019. A pathway of global food supply adaptation in a world with increasingly constrained groundwater [J]. Science of the Total Environment, 673: 165-176.

CHEN A H, ZHANG H Q, ZHANG T X, et al., 2024. Digital transformation or not? Manufacturer's selection strategy under carbon cap-and-trade mechanism [J]. Industrial Management & Data Systems, 124 (2): 541-563.

CHEN Z D, CHEN F, 2023. Irrigation schedule impact on greenhouse gas mitigation, carbon sequestration, and yield improvement of double rice-croping systems in southern China [J]. Soil & Tillage Research, 234: 105836.

DAMIEN B, MARC C, JULIEN D, et al., 2023. A global meta-analysis of soil organic carbon in the anthropocene [J]. Nature Communications, 14 (1): 3700.

DONG N, YOU L, CAI W J, et al., 2018. Land use projections in China under global socioeconomic and emission scenarios: Utilizing a scenario-based land-use changeassessment framework [J]. Global Environmental Change, 50: 164-177.

DU C, HU L, YUAN S, et al., 2023. Ratoon rice-duck co-culture maintains rice grain yield and decreases greenhouse gas emissions in central China [J]. European Journal of Agronomy, 149: 126911.

DÖBBELING-HILDEBRANDT N, MIERSCH K, KHANNA T M, et al., 2024. Systematic review and meta-analysis of ex-post evaluations on the effectiveness of carbon pricing [J]. Nature Communications, 15 (1): 4147.

EMMERLING J, ANDREONI P, CHARALAMPIDIS I, et al., 2024. A multi-model assessment of inequality and climate change [J]. Nature Climate Change, 14 (12): 1-7.

GAO R, ZHUO L, DUAN Y, et al., 2024a. Effects of alternate wetting and drying irrigation on yield, water-saving, and emission reduction in rice fields: A global meta-analysis [J]. Agricultural and Forest Meteorology, 353: 110075.

GAO Y, SHAO Y, WANG J, et al., 2024b. Effects of straw returning combined with blended controlled-release urea fertilizer on crop yields, greenhouse gas emissions, and net ecosystem economic benefits: A nine-year field trial [J]. Journal of Environmental Management, 356: 120633.

GAUDARÉ U, KUHNERT M, SMITH P, et al., 2023. Soil organic carbon stocks potentially at risk of decline with organic farming expansion [J]. Nature Climate Change, 13 (7): 719-725.

GU B, ZHANG X, LAM S K, et al., 2023. Cost-effective mitigation of nitrogen pollution from global croplands [J]. Nature, 613 (7942): 77-84.

HE D, DENG X, WANG X, et al., 2023. Livestock greenhouse gas emission and mitigation potential in China [J]. Journal of Environmental Management, 348: 119494.

HE D, MA H, HU D, et al., 2024. Biochar for sustainable agriculture: Improved soil carbon storage and reduced emissions on cropland [J]. Journal of Environmental Management, 371: 123147.

HE L, ROSA L, 2023. Solutions to agricultural green water scarcity under climate change [J]. PNAS nexus, 2 (4): 117.

HE Z J, CAO H X, QI C, et al., 2024. Straw management in paddy fields can reduce greenhouse gas emissions: A global meta-analysis [J]. Field Crops Research, 306: 109218.

HEI Z, PENG Y, HAO S, et al., 2023. Full substitution of chemical fertilizer by organic manure decreases soil N_2O emissions driven by ammonia oxidizers and gross nitrogen transformations [J]. Global Change Biology, 29 (24): 7117-7130.

HIIS G E, VICK W H S, MOLSTAD L, et al., 2024. Unlocking bacterial potential to reduce farmland N_2O emissions [J]. Nature, 630 (8016): 421-428.

HU H, QIAN C, XUE K, et al., 2024. Reducing the uncertainty in estimating soil microbial-derived carbon storage [J]. Proceedings of the National Academy of Sciences of the United States of America, 121 (35): e2401916121.

HUANG X, SRIKRISHNAN V, LAMONTAGNE J, et al., 2023. Effects of global climate mitigation on regional air quality and health [J]. Nature Sustainability, 6 (9): 1054-1066.

IPCC, 2022. Summary for Policymakers. In: Climate Change 2022: Impacts, Adaptation, and Vulnerability. Contribution of Working Group II to the Sixth Assessment Report of the Intergovernmental Panel on Climate Change. Cambridge University Press, Cambridge, UK and New York, NY, USA, 3-33.

JIA N, LI L, GUO H, et al., 2024. Important role of Fe oxides in global soil carbon stabilization and stocks [J]. Nature Communications, 15 (1): 10318.

JIANG Y, QIAN H, HUANG S, et al., 2019. Acclimation of methane emissions from rice paddy fields to straw addition [J]. Science Advances, 5 (1): eaau9038.

JU W L, MOORHEAD D L, SHENG T, et al., 2023. Soil aggregate development and associated microbial metabolic limitations alter grassland carbon storage following livestock removal [J]. Soil Biology and Biochemistry, 177: 108907.

KARINA W, HUI Y, RAPHAEL G, et al., 2023. Changes in land use and management led to a decline in Eastern Europe's terrestrial carbon sink [J]. Communications Earth & Environment, 4 (1): 237.

KAZUYUKI Y, PATIKORN S, NITTAYA U C, et al., 2020. Potential and promisingness of technical options for mitigating greenhouse gas emissions from rice cultivation in Southeast Asian countries [J]. Soil Science and Plant Nutrition, 66 (1): 37-49.

KHANNA N, LIN J, LIU X, et al., 2024. An assessment of China's methane mitigation potential and costs and uncertainties through 2060 [J]. Nature Communications, 15 (1): 9694.

LEI T, WANG D, YU X, et al., 2023. Global iron and steel plant CO_2 emissions and carbon-neutrality pathways [J]. Nature, 622(7983): 514-520.

LI C, WANG G, HAN Q, et al., 2023. Soil moisture and water-nitrogen synergy dominate the change of soil carbon stock in farmland [J]. Agricultural Water Management, 287: 108424.

LIANG Z, SUN L, TIAN Z, et al., 2023. Increase in grain production potential of China under climate change [J]. PNAS nexus, 2 (3): 057.

LIN J B, CHENG J, DUAN X H, et al., 2024. Optimizing straw and nitrogen fertilizer resources for low-carbon sustainable agriculture [J]. Resources, Conservation & Recycling, 209: 107743.

LIU B, GUO C, XU J, et al., 2024. Co-benefits for net carbon emissions and rice yields through improved management of organic nitrogen and water [J]. Nature Food, 5: 241-250.

LIU K, TOM M H, YAN H, et al., 2023. Silver lining to a climate crisis in multiple prospects for alleviating crop waterlogging under future climates [J]. Nature Communications, 14 (1): 765.

NSABIYEZE A, MA R, LI J, et al., 2024. Mitigating greenhouse gas emissions from sheep production system in China: An integrated approach of data envelopment analysis and life cycle assessment [J]. Resources, Conservation & Recycling, 207: 107695.

QIN J X, DUAN W L, ZOU S, et al., 2024. Global energy use and carbon emissions from irrigated agriculture [J]. Nature Communications, 15(1): 3084.

QIN Y, ZHOU M, HAO Y, et al., 2024. Amplified positive effects on air quality, health, and renewable energy under China's carbon neutral target [J]. Nature Geoscience, 17 (5): 411-418.

REN T, JARUGA U A, SMRECZAK B, et al., 2024. Dissolved organic carbon in cropland soils: A global meta-analysis of management effects [J]. Agriculture, Ecosystems & Environment, 371: 109080.

SHI L, MOSER S, 2021. Transformative climate adaptation in the United States: Trends and prospects [J]. Science, 372(6459): eabc8054.

TIAN J, DUNGAIT J A J, HOU R, et al., 2024. Microbially mediated mechanisms underlie soil carbon accrual by conservation agriculture under decade-long warming [J]. Nature Communications, 15 (1): 377.

VITTORIO A, KYLE P, COLLINS W, 2016. What are the effects of Agro-ecological zones and land use region boundaries on land resource projection using the global change assessment model? [J]. Environmental Modelling & Software, 85: 246-265.

WANG C, KUZYAKOV Y, 2023a. Rhizosphere engineering for soil carbon sequestration [J]. Trends in Plant Science, 29 (4): 447-468.

WANG C, LI S, WU M, et al., 2023b. High efficiency and low greenhouse gas emissions intensity of maize in drip irrigation under mulch system [J]. Agriculture, Ecosystems & Environment, 346: 108344.

WANG K, XU J, WEI Q, et al., 2024a. The potential for mitigating greenhouse gas emissions and minimizing yield losses using the negative pressure irrigation system [J]. Scientia Horticulturae, 324: 112621.

WANG L N, PATEL P L, YU S, et al., 2016. Win-Win strategies to promote air pollutant control policies and non-fossil energy target regulation in China [J]. Applied Energy, 163: 244-253.

WANG S, ZHANG Z, ZHOU Z, et al., 2024b. The carbon emission reduction effect of green fiscal policy: A quasi-natural experiment [J]. Scientific Reports, 14 (1): 20317.

WANG Y, ZHU Z, DONG H, et al., 2024c. Mitigation potential of methane emissions in China's livestock sector can reach one-third by 2030 at low cost [J]. Nature Food, 5 (7): 603-614.

WEI S, FAN J, TIAN Y, et al., 2024. Low-carbon development policies and achievements in the context of the livestock sector in China [J]. Frontiers of Agricultural Science and Engineering, 11 (3): 367-380.

WILLIAM S, DEBRA R, SETO C K, 2024. Strategies to improve the impact of the IPCC special report on climate change and cities [J]. Nature Climate Change, 14 (7): 685-691.

WINKLER K, YANG H, GANZENMÜLLER R, et al., 2023. Changes in land use and management led to a decline in eastern Europe's terrestrial carbon sink [J]. Communications Earth & Environment, 4 (1): 237.

WYNES S, DAVIS S J, DICKAU M, et al., 2024. Perceptions of carbon dioxide emission reductions and future warming among climate experts [J]. Communications Earth & Environment, 5 (1): 498.

XIAO K Q, ZHAO Y, LIANG C, et al., 2023. Introducing the soil mineral carbon pump [J]. Nature Reviews Earth & Environment, 4 (3): 135-136.

XU P, LI Z, GUO S, et al., 2024a. Lower soil nitrogen-oxide emissions associated with enhanced denitrification under replacing mineral fertilizer with manure in orchard soils [J]. Science of the Total Environment, 921: 171192.

XU X, ZHAO Q, GUO J, et al., 2024b. Inequality in agricultural greenhouse gas emissions intensity has risen in rural China from 1993 to 2020 [J]. Nature Food (prepublish).

YANG F, QIAO Y, BO J, et al., 2024a. Blockchain and digital asset transactions-based carbon emissions trading scheme for industrial internet of things [J]. IEEE, 20 (4): 6963-6973.

YANG L, LUO Y, LU B, et al., 2023. Long-term maize and pea intercrop improved subsoil carbon storage while reduced greenhouse gas emissions [J]. Agriculture, Ecosystems & Environment, 349: 108444.

YANG S H, XIAO Y N, SUN X, et al., 2019. Biochar improved rice yield and mitigated CH_4 and N_2O emissions from paddy field under controlled irrigation in the Taihu Lake Region of China [J]. Atmospheric Environment, 200: 69-77.

YANG X L, XIONG J R, DU T S, et al., 2024b. Diversifying crop rotation increases food production, reduces net greenhouse gas emissions and improves soil health [J]. Nature Communications, 15 (1): 198.

YANG Y, TILMAN D, JIN Z, et al., 2024c. Climate change exacerbates the environmental impacts of agriculture [J]. Science, 385(6713): eaun3747.

YOU L, ROS H G, CHEN Y, et al., 2024. Optimized agricultural management reduces global cropland nitrogen losses to air and water [J]. Nature Food (prepublish).

YU L, ZHANG W, LIU J, et al., 2024. Potential for soil carbon sequestration under conservation agriculture in a warming climate [J]. Science Bulletin, 69 (13): 2030-2033.

YU S, HORING J, LIU Q, et al., 2019. CCUS in China's mitigation strategy: Insights from integrated assessment modeling [J]. International Journal of Greenhouse Gas Control, 84: 204-218.

ZHANG L B, YU H Y, HAO C Z, et al., 2021. Practice model and path of ecosystem product value realization [J]. Research of Environmental Sciences, 34 (6): 1407-1416.

ZHANG L, YU H, LI D, et al., 2019. Connotation and value implementation mechanism of ecological products [J]. Transactions of the Chinese Society of Agricultural Engineering, 50 (6): 173-183.

ZHANG N, LUO H, LI H, et al., 2024. Maximizing potato tuber yields and nitrogen use efficiency in semi-arid environments by precision fertilizer depth application [J]. European Journal of Agronomy, 156: 127147.

ZHANG Q, YU H, LI J, et al., 2023. Divergent effectiveness of irrigation in enhancing food security in droughts under future climates with various emission scenarios [J]. npj Climate and Atmospheric Science, 6: 40.

ZHANG T, HE Y, DEPAUW R, et al., 2022. Climate change may outpace current wheat breeding yield improvements in North America [J]. Nature Communications, 13: 5591.

ZHAO H, FAN X, BAI Z, et al., 2024a. Holistic food system innovation strategies can close up to 80% of China's domestic protein gaps while reducing global environmental impacts [J]. Nature Food, 5: 581-591.

ZHAO J, HU Y, WANG J, et al., 2024b. Greenhouse gas emissions from the growing season are regulated by precipitation events in conservation tillage farmland ecosystems of northeast China [J]. Science of the Total Environment, 948: 174716.

ZHAO J, ZHANG Z, ZHAO C, et al., 2024c. Dissecting the vital role of dietary changes in food security assessment under climate change [J]. Communications Earth & Environment, 5: 440.

ZHAO Y C, LIU L P, WANG A Q, et al., 2023. A novel deep learning based forecasting model for carbon emissions trading: A comparative analysis of regional markets [J]. Solar Energy, 262: 111863.

ZHOU Z, REN C, WANG C, et al., 2024. Global turnover of soil mineral-associated and particulate organic carbon [J]. Nature Communication, 15: 5329.

ZHU B, HAN D, WANG P, et al., 2017. Forecasting carbon price using empirical mode decomposition and evolutionary least squares support vector regression [J]. Applied Energy, 191: 521-530.

ZHU L, ZHU D, STEVE D, et al., 2023. Monitoring global carbon emissions in 2022 [J]. Nature Reviews Earth & Environment, 4 (4): 205-206.

ZHU Z, WANG Y, YAN T, et al., 2023. Greenhouse gas emissions from livestock in China and mitigation options within the context of carbon neutrality [J]. Frontiers of Agricultural Science and Engineering, 10 (2): 226-233.

领衔作者：王　斌

主要作者：蔡岸冬　李　阔　刘　静
　　　　　郑　莹　马　宁　潘慧晶
　　　　　刘　丽　丁　勇　苗田田

第四章 碳足迹核算与评价

本章摘要

本章采用生命周期评价方法，以代表性种植农产品和养殖农产品为研究对象，综合评价玉米、油菜、柑橘和鸡蛋的碳足迹时空特征，对比分析国内外产品碳足迹的差异，提出我国农业农村领域减排固碳建议。主要得出以下结论。①肥料生产以及氮肥施用依然是我国玉米生产碳足迹的主要组成部分。我国玉米单位产量和单位面积碳足迹均呈逐年下降的趋势，空间上呈南高北低的趋势。我国玉米单位产量碳足迹略高于美国、巴西和阿根廷等玉米大国，肥料生产和氮肥施用的工艺措施优化是降低我国玉米生产碳足迹及与国际大国差距的潜力所在。②油菜单位面积碳足迹年际变化不大，单位产量碳足迹呈先升高后下降趋势，各省（区、市）单位面积碳足迹和单位产量碳足迹均具有明显的空间差异，甘肃、陕西和云南的单位面积碳足迹和单位产量碳足迹均较高，是今后油菜减排的重点地区。我国油菜单位产量碳足迹接近全球平均水平。③柑橘单位面积碳足迹总体呈现下降趋势，单位产量碳足迹呈现上升趋势。广东与福建柑橘的单位面积碳足迹和单位产量碳足迹高于其他省（区、市），是今后柑橘减排的重点地区。相较其他国家，我国柑橘单位产量碳足迹最小。④不同规模养殖场鸡蛋碳足迹存在明显差异。中型规模养殖场单位动物和单位产品碳足迹均高于大型规模化养殖场。饲料种植加工碳足迹贡献最大，其次为饲料运输、粪便管理和养殖场能源。我国鸡蛋的碳足迹低于全球大部分国家。

一、种植农产品

（一）研究方法

本节碳足迹核算方法、核算边界和数据来源与 2023 年和 2024 年中国农业农村低碳发展报告一致，具体如下。

1. **核算方法**

根据《2019 年 IPCC 国家温室气体清单指南》中的核算方法，计算公式主要涉及活动水平数据（AD）和排放因子（EF）。活动水平数据是指在特定时期内以及在界定地区里，产生温室气体排放的人为活动量，如化肥施用量、机械耗能等；排放因子是与活动数据相对应的系数，用于量化单位活动数据的温室气体排放量。单位面积碳足迹计算方法如下：

$$CF_a = \sum (AD_i \times EF_i) + (E_{N_2O\_direct} + E_{N_2O\_indirect}) \times \frac{44}{28} \times 273 \quad (4-1)$$

式中，CF_a 为单位面积碳足迹，kg CO_2e/hm²；AD_i 为第 i 种农资投入品的投入量，kg/hm² 或 L/hm²；EF_i 为第 i 种农资投入的排放因子，kg CO_2e/kg 或 kg CO_2e/L；$E_{N_2O\_direct}$ 为氮肥施用引起的 N_2O 直接排放量，kg/hm²；$E_{N_2O\_indirect}$ 为氮肥挥发沉降与淋溶径流引起的 N_2O 间接排放量，kg/hm²；$\frac{44}{28}$ 为从 N 元素到 N_2O 的转换系数；273 为 100 a 尺度下 N_2O 的全球增温潜势（IPCC，2021）。

$$E_{N_2O\_indirect} = Q_N \times 1\% \quad (4-2)$$

$$E_{N_2O\_indirect} = Q_N \times 11\% \times 1\% + Q_N \times 24\% \times 1.1\% \quad (4-3)$$

式中，Q_N 为田间氮肥折纯用量，kg N/hm²；1% 为 N_2O 排放因子（IPCC，2019）；11% 为氮肥施用引起的挥发沉降比例（IPCC，2019）；24% 为氮肥施用引起的淋溶和径流比例（IPCC，2019）；1.1% 为淋溶和径流引起的 N_2O 间接排放因子（IPCC，2019）。

$$CF_y = \frac{CF_a}{Y_a} \times 1\,000 \quad (4-4)$$

式中，CF_y 为单位产量碳足迹，kg CO_2e/kg；CF_a 为单位面积碳足迹，t CO_2e/hm²；Y_a 为单位面积产量，kg/hm²。

2. **核算边界**

采用 LCA 方法进行碳足迹核算时，系统边界的界定尤其重要，系统边界与生命周期评价的目的密切相关。基于生命周期评估方法，农产品碳足迹的系统边界为从"摇篮"到"大门"，即作物从播种到收获的过程中各项投入和管理活动产生的温室气体，包括：①化肥生产（氮肥、磷肥、钾肥、复合肥等）；②肥料田间施用；③农药生产；④农膜生产；⑤农用机械使用消耗的柴油；⑥灌溉消耗的电能。此外，LCA 方法是一种相对的方法，本书围绕的功能单位包括单位面积碳足迹（$t\ CO_2e/hm^2$）和单位产量碳足迹（$kg\ CO_2e/kg$）。

3. 数据来源

种植农产品碳足迹核算统一以 2015—2022 年为核算年限。各种农产品生产过程中单位面积投入的肥料施用量、农药、农膜、农用机械柴油和灌溉数据来源于《全国农产品成本收益资料汇编》。其中，农家肥用量通过农家肥成本与农家肥单价计算得出，农药用量通过农药成本与农药单价计算得出，农用机械柴油使用量通过公式［柴油使用量=（机械作业费×15%/柴油单价）+燃料动力费/柴油单价］计算得出，灌溉用电量通过公式［灌溉用电量=（排灌费-水费）/电价］计算得出。每年农家肥、农药、柴油单价来源于《中国物价年鉴》，电价来源于电力网数据库（http://www.chinapower.com.cn/sj/）。

（二）玉米碳足迹

玉米作为我国主要的粮食作物之一，其播种面积约占我国谷物播种总面积的 44%。玉米在从种植到收获的过程中会产生大量温室气体排放，其中包括种子、化肥、农药等农资的生产，耕作、灌溉、施肥、收获等机械作业的能耗，以及土壤内部的生理生化反应，这些环节都不同程度地增加了碳排放。分析玉米生产过程中单位面积和单位产量碳足迹的时空变化特征，解析碳足迹构成，将有助于解析玉米碳足迹驱动因子，为推动各省实现低碳玉米种植提供技术支撑。

1. 玉米碳足迹时间变化特征

（1）玉米单位面积碳足迹时间变化特征

2015—2022年我国玉米单位面积碳足迹为 1.74 t CO_2e/hm^2（图4-1），2016年单位面积碳足迹最大，为 2.06 t CO_2e/hm^2，2021年最小，为 1.46 t CO_2e/hm^2，2022年较2015年单位面积碳足迹减少了24.2%。从碳足迹结构组成看，氮肥生产、农田 N_2O 排放是玉米单位面积碳足迹的主要组成部分，2015—2022年的平均单位面积碳足迹分别为 0.84 t CO_2e/hm^2 和 0.70 t CO_2e/hm^2，两者可占玉米单位面积碳足迹的80%以上。从各组分的减排潜力来看，2015—2022年氮肥生产和农田 N_2O 排放的单位面积碳足迹减少量最大，但农药生产和柴油消耗的单位面积碳足迹在这8年间变化最大，与2015年相比，2022年农药生产的单位面积碳足迹减少了39.1%，柴油消耗的单位面积碳足迹增加了44.6%。

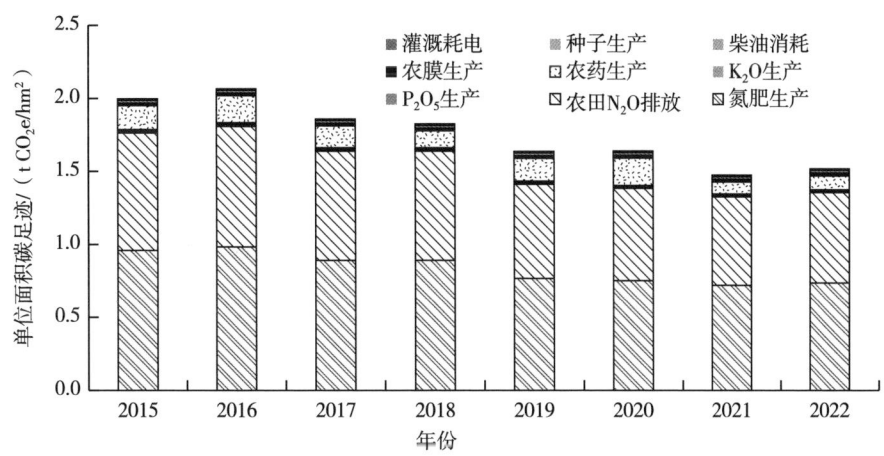

图4-1 2015—2022年玉米单位面积碳足迹时间变化特征

（2）玉米单位产量碳足迹时间变化特征

2015—2022年我国玉米从"摇篮"到"大门"的单位产量碳

足迹为 0.28 kg CO_2e/kg（图 4-2），其中 2016 年单位产量碳足迹最大，为 0.34 kg CO_2e/kg，2021 年单位产量碳足迹最小，为 0.23 kg CO_2e/kg。2022 年较 2015 年单位产量碳足迹减少了 31.0%。从结构组成来看，2015—2022 年氮肥生产的平均单位产量碳足迹为 0.14 kg CO_2e/kg，占 46.1%~49.3%，是玉米单位产量碳足迹的第一大组成部分。第二大组成部分是农田 N_2O 排放，平均单位产量碳足迹为 0.11 kg CO_2e/kg，占 38.7%~41.3%。农药生产占玉米单位产量碳足迹的 6.33%~12.3%，单位产量碳足迹平均值为 0.03 kg CO_2e/kg。种子生产占玉米单位产量碳足迹的 0.83%~1.14%，农膜生产占 0.73%~1.02%，除此之外，而 K_2O 生产、P_2O_5 生产、柴油消耗和灌溉耗电的占比不足 1%。

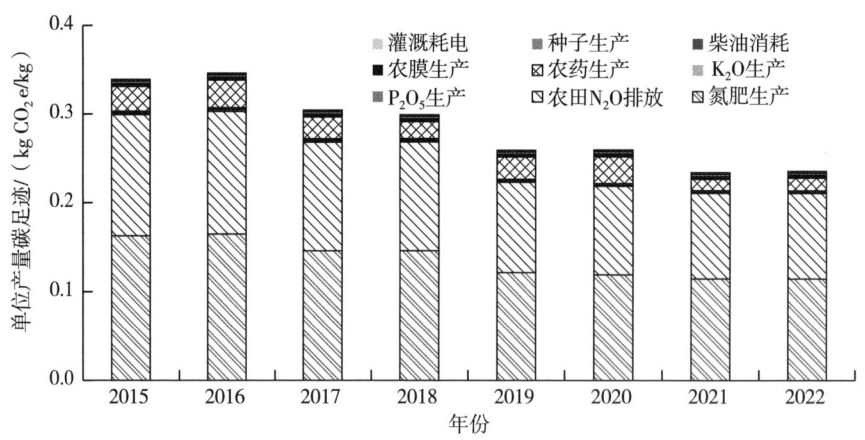

图 4-2 2015—2022 年玉米单位产量碳足迹时间变化特征

2. 玉米碳足迹空间变化特征

（1）玉米单位面积碳足迹空间变化特征

2022 年我国不同省（区、市）玉米单位面积碳足迹范围是 0.50~4.02 t CO_2e/hm^2（图 4-3）。云南、甘肃、新疆的玉米单位面积碳足迹最高，分别为 4.02 t CO_2e/hm^2、3.66 t CO_2e/hm^2、3.60 t CO_2e/hm^2。而河南的单位面积碳足迹最低，为 0.50 t CO_2e/hm^2。氮肥生产和农田

N_2O 是云南玉米单位面积碳足迹的最重要组成部分,分别占比50.32%和42.21%。在河南、辽宁、吉林,农药排放 CO_2 是温室气体排放的重要排放源,分别占玉米单位面积碳足迹的26.18%、16.90%、15.99%。

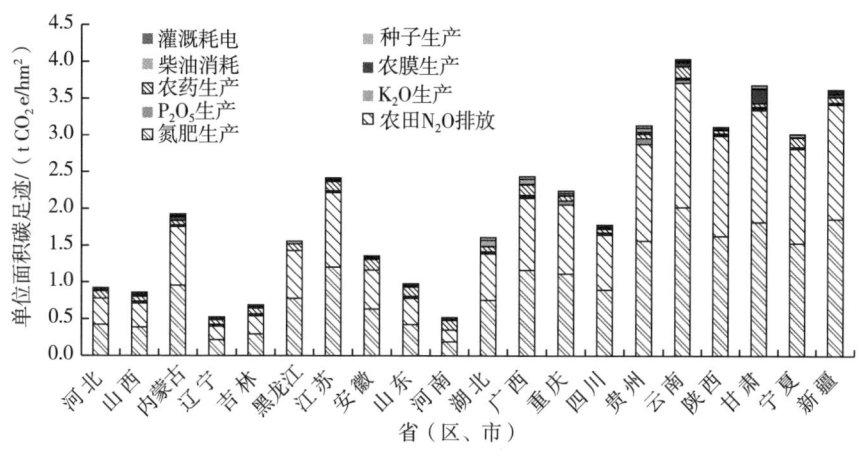

图4-3 2022年我国各省（区、市）玉米单位面积碳足迹

（2）玉米单位产量碳足迹空间变化特征

2022年,我国不同省（区、市）玉米单位产量碳足迹范围是0.07~0.75 kg CO_2e/kg（图4-4）。云南、贵州、陕西的玉米单位产量碳足迹最高,分别为0.75 kg CO_2e/kg、0.64 kg CO_2e/kg、0.60 kg CO_2e/kg。辽宁的单位产量玉米碳足迹最低,为0.07 kg CO_2e/kg。单位产量碳足迹与玉米产量和生产效率有直接关系,因此,有些地区单位产量碳足迹较高,其玉米单产潜力和生产过程管理还需优化提升。这一点在各省（区、市）碳足迹的变化上有所体现,相比云南、贵州、广西等南方省（区、市）,我国北方玉米强省辽宁与河南等的玉米碳足迹较低,主要是因为这些北方地区的玉米产量更高、生产效率更高。各省（区、市）玉米单位产量碳足迹的主要来源是氮肥生产和氮肥施用。其中,氮肥生产 CO_2 排放占玉米排放碳足迹的38%~51.66%,氮肥施用造成的 N_2O 排放占32%~41.14%,农药生产 CO_2 排放是第三大排放源。

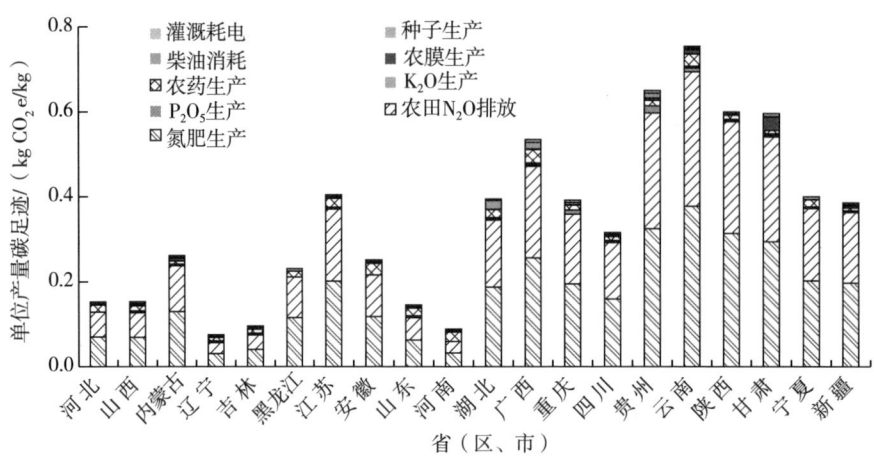

图 4-4　2022 年我国各省（区、市）玉米单位产量碳足迹

3. 国际比较

2022 年，我国玉米单位产量碳足迹为 0.23 kg CO_2e/kg，低于全球均值（0.29 kg CO_2e/kg）（图 4-5）。从时间趋势看，2015—2022 年，我国玉米单位产量碳足迹呈显著下降趋势，从 2015 年的 0.34 kg CO_2e/kg 下降到 2022 年的 0.23 kg CO_2e/kg，多年均值为 0.28 kg CO_2e/kg，明显低于我国 2002—2014 年的均值（0.54 kg CO_2e/kg）（周志花，2018）。对比国际主要玉米生产国，我国 2022 年玉米单位产量碳足迹仍然略高于美国（0.21 kg CO_2e/kg）、巴西（0.20 kg CO_2e/kg）和阿根廷（0.20 kg CO_2e/kg）等玉米种植大国，但显著低于波兰、泰国和波黑（0.41~0.52 kg CO_2e/kg）等国（Barber et al.，2011）。可见，从单位产量碳足迹来看，相比美国、巴西和阿根廷等玉米生产和输出大国，我国玉米的生产效率和单产还有进一步提升的空间。实际上，周志花（2018）对比分析后发现，氮肥生产高于美国等玉米生产大国的最主要原因，是中国较高的氮肥施用量以及氮肥生产能源结构。周志花（2018）预估 2020 年中国玉米单位产量碳足迹为 0.41 kg CO_2e/kg，比 2014 年平均单位产量碳足迹下降 22.0%，本报告研究结果与该研究预测一

致,并且我国玉米单位产量碳足迹实际下降效果更明显(相比2014年下降约48.15%),说明我国自2015年起实施的化肥农药零增长政策收到了显著成效。

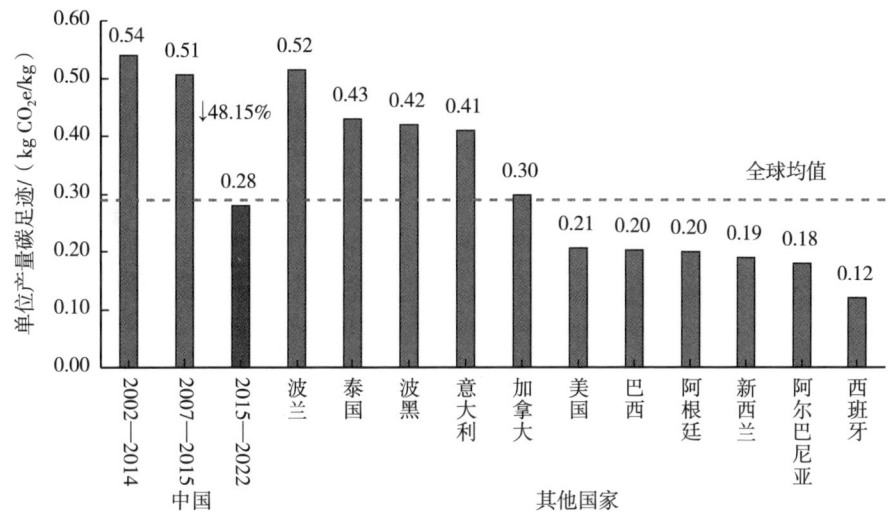

图4-5 不同国家玉米单位产量碳足迹比较

4. 结论

氮肥生产CO_2排放以及氮肥施用造成的农田N_2O排放是我国玉米生产碳足迹的主要组成部分,占比大于80%。玉米单位面积和单位产量碳足迹均呈逐年下降的趋势,在空间分布上,则呈南高北低的趋势。我国玉米单位产量碳足迹仍略高于美国、巴西和阿根廷等玉米大国,氮肥生产和田间施用的工艺优化是降低我国玉米生产碳足迹及与国际大国差距的潜力所在。

(三)油菜碳足迹

油菜是我国主要的食用植物油和饲料蛋白质来源,在我国食用油市场中具有十分重要的地位。我国是世界油菜生产和消费第一大国,常年种植面积1亿亩左右,占油料面积的50%以上;油菜产量1 400万t左右，占油料产量的近40%。

2015—2022年油菜生产总体呈现先下降后上升的变化趋势。2015年油菜收购政策的取消，降低了种植油菜的收益，使2015年油菜生产出现了较大幅度的下降，总产和单产分别从2015年的1 493.07万t和1.98 t/hm^{2}下降至2016年的1 312.80万t和1.79 t/hm^2；种植面积从2015年的753.440万hm^{2}下降至2018年的655.060万hm^2。2016年后我国加大油菜种植政策补贴力度，推广高产优质多抗油菜新品种，提高了单产水平，加上耕种收机械化率提高，我国油菜生产呈持续上升变化，至2022年，油菜总产、单产和种植面积分别为1 553.10万t、2.14 t/hm^{2}和725.350万hm^2。

油菜因其广泛的种植和可观的产量，成为人们获取食用油的重要来源。但与此同时，油菜需肥量大，对氮、磷、钾的需求量高于一般禾本科作物。随着产量需求的不断增加，其农资投入逐步增加，尤其是氮肥的施用，多地出现过量施氮以及偏施氮肥的现象，从而增加了温室气体排放。因此，量化油菜生产碳足迹的时空动态变化，可为我国油菜的绿色低碳发展提供理论支撑与科学依据。

1. 油菜碳足迹时间变化特征

（1）油菜单位面积碳足迹时间变化特征

2015—2022年我国油菜单位面积碳足迹平均值为1.68 t CO_2e/hm^2，年际变化不大（图4-6）。最小值出现在2019年，为1.58 t CO_2e/hm^2；最大值出现在2017年，为1.84 t CO_2e/hm^2。2020—2022年稳定在1.63~1.65 t CO_2e/hm^2。

（2）油菜单位产量碳足迹时间变化特征

2015—2022年中国油菜单位产量碳足迹平均值为0.84 kg CO_2e/kg，呈先升高后下降的变化趋势（图4-7）。最大值出现在2016年，为0.97 kg CO_2e/kg；最小值出现在2022年，为0.76 kg CO_2e/kg。

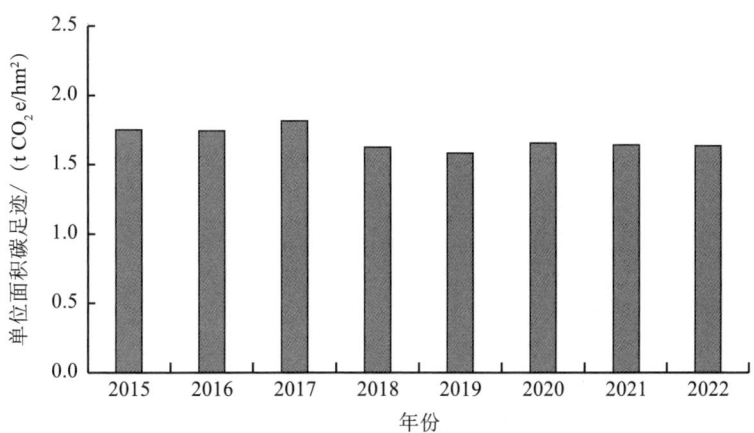

图 4-6　2015—2022 年油菜单位面积碳足迹时间变化特征

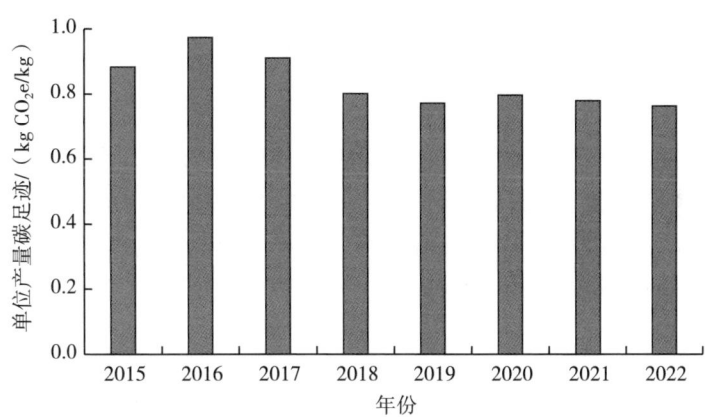

图 4-7　2015—2022 年油菜单位产量碳足迹时间变化特征

2. 油菜碳足迹空间变化特征

（1）油菜单位面积碳足迹空间变化特征

2015—2022 年我国不同省（区、市）之间油菜生产的单位面积碳足迹差异显著，取 2015—2022 年的平均值作为该省（区、市）的单位面积碳足迹数值（图 4-8）。其中，甘肃、陕西和云南三省的单位面积碳足迹最高，分别为 2.97 t CO_2e/hm^2、2.60 t CO_2e/hm^2 和

2.48 t CO_2e/hm^2；内蒙古的单位面积碳足迹最低，为 0.77 t CO_2e/hm^2。

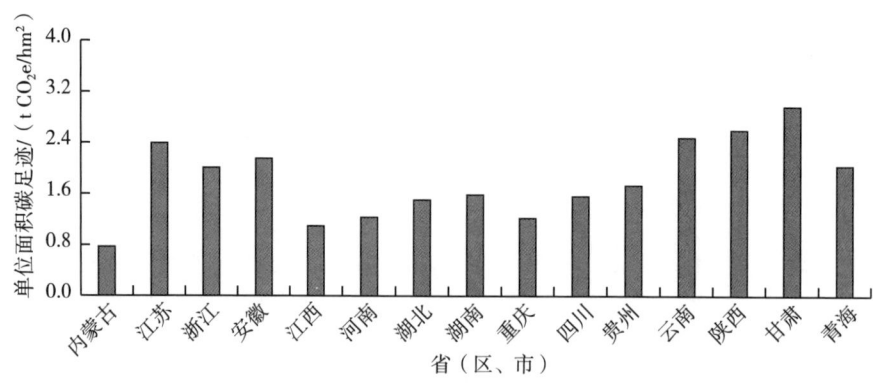

图 4-8　2015—2022 年油菜单位面积碳足迹空间变化特征

（2）油菜单位产量碳足迹空间变化特征

2015—2022 年我国不同省（区、市）之间油菜生产的单位产量碳足迹差异显著，取 2015—2022 年平均值作为该省（区、市）的单位产量碳足迹数值（图 4-9）。甘肃、陕西和云南三省的单位产量碳足迹也最高，分别为 1.32 kg CO_2e/kg、1.24 kg CO_2e/kg 和 1.24 kg CO_2e/kg；内蒙古最低，为 0.53 kg CO_2e/kg。作为中国油菜三大主产区的四川、湖北和湖南，其单位产量碳足迹分别为 0.64 kg CO_2e/kg、0.69 kg CO_2e/kg 和 0.96 kg CO_2e/kg。

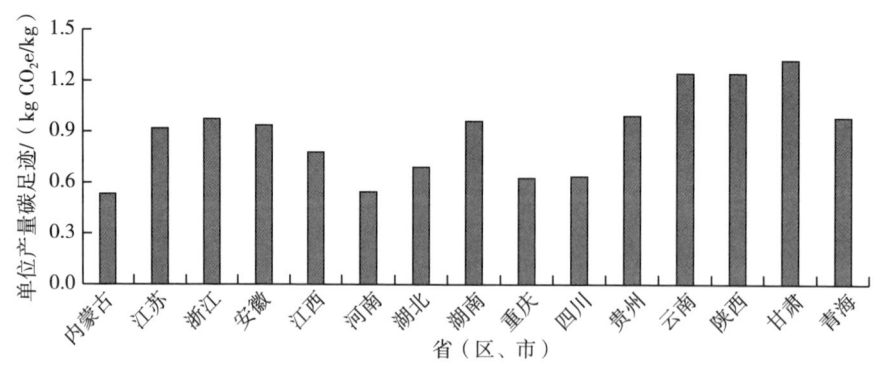

图 4-9　2015—2022 年油菜单位产量碳足迹空间变化特征

3. 国际比较

各国油菜种植的单位产量碳足迹之间存在明显差异（图4-10）。中国油菜平均单位产量碳足迹为 0.84 kg CO_2e/kg，英国油菜单位产量碳足迹为 2.09 kg CO_2e/kg（Audsley et al., 2009），伊朗油菜单位产量碳足迹为 1.18 kg CO_2e/kg（Mousavi-Avval et al., 2017），中国比英国和伊朗分别低 59.8% 和 28.8%。波兰油菜单位产量碳足迹为 0.79 kg CO_2e/kg（Bieńkowski et al., 2015），意大利油菜单位产量碳足迹为 0.77 kg CO_2e/kg（Forleo et al., 2018），中国油菜平均单位产量碳足迹与波兰和意大利的水平相当。加拿大油菜单位产量碳足迹为 0.53 kg CO_2e/kg（MacWilliam et al., 2016），澳大利亚油菜单位产量碳足迹为 0.29 kg CO_2e/kg（Browne et al., 2011），中国分别比加拿大和澳大利亚高 58.5% 和 189.7%。从中国不同省（区、市）看，各省（区、市）油菜单位产量碳足迹均低于英国，但高于加拿大和澳大利亚，其中，甘肃、陕西和云南的油菜单位产量碳足迹高于伊朗。结果表明，我国油菜生产单位产量碳足迹有待进一步降低，不同省（区、市）应因地制宜探索油菜低碳发展路径。

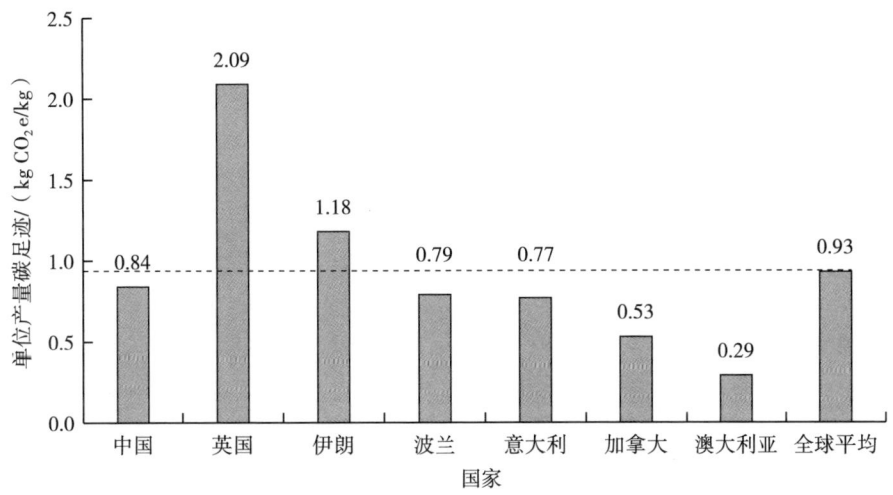

图 4-10 不同国家油菜单位产量碳足迹比较

4. 结论

2015—2022年，我国油菜单位面积碳足迹平均值为1.68 t CO_2e/hm^2，单位产量碳足迹平均值为0.84 kg CO_2e/kg。此外，各省（区、市）单位面积碳足迹和单位产量碳足迹均具有明显的空间差异，其中，甘肃、陕西和云南的单位面积碳足迹和单位产量碳足迹均较高，是今后碳减排的重点地区。作为中国油菜三大主产区的四川、湖北、湖南，其单位面积碳足迹均低于全国平均值，而湖南的单位产量碳足迹高于全国平均值。我国油菜生产单位产量碳足迹略低于全球平均水平，显著低于英国和伊朗。在油菜种植过程中，减肥增效行动不容忽视，因地制宜开展粮油轮作种植模式，集成节肥节水技术，构建机械化、规模化油菜种植模式，是实现油菜生产节能减排和绿色低碳的重要途径。

（四）柑橘碳足迹

柑橘是全球第一大类水果，其含有丰富维生素C、膳食纤维和矿质元素等营养物质，深受人们喜爱。柑和橘两种水果均是小乔木，中国柑和橘的种植面积与产量均居世界第一位，其种植面积和产量均超过全球产量的50%（Deng，2022）。随着生活质量的提高，人们越来越注重饮食营养均衡，对柑和橘的需求也不断增加。根据《中国农村统计年鉴》，我国柑橘的种植面积与产量呈逐年递增趋势。2022年柑橘种植面积为299.6万 hm^2，总产量为6 004万 t，相比于2015年，种植面积和总产量分别增加了19.2%和60.1%，同时单位面积产量也增加了37.6%。虽然中国柑和橘的种植面积和产量日益上升，但我国目前仍存在化肥施用量过多、肥料利用率较低的现象，若仅通过增施化肥提高产量，不仅会影响柑橘产量和品质，也会因施肥量的增加而促进温室气体排放。因此，在柑橘产量不断增加的条件下，科学合理种植对于柑橘产业的低碳可持续发展至关重要。深入解析柑橘主要种植区的碳足迹时空变化特征和构成，有助于推动我国柑橘种植的低碳发展。

1. 柑橘碳足迹时间变化特征

（1）柑橘单位面积碳足迹时间变化特征

2015—2022 年，全国柑橘种植的单位面积碳足迹总体呈现下降趋势（图 4-11），变化范围为 3.19~4.45 t CO_2e/hm^2。其中，2015 年柑橘种植的单位面积碳足迹最高，为 4.45 t CO_2e/hm^2；2021 年单位面积碳足迹下降至历年最低值，为 3.19 t CO_2e/hm^2，相比于 2015 年最高值下降了约 28.1%；2022 年与 2021 年较接近，单位面积碳足迹为 3.21 t CO_2e/hm^2。柑橘种植环节单位面积碳足迹略有下降，主要原因是《到 2020 年化肥使用量零增长方案》和《到 2020 年农药使用量零增长方案》的提出与实行。

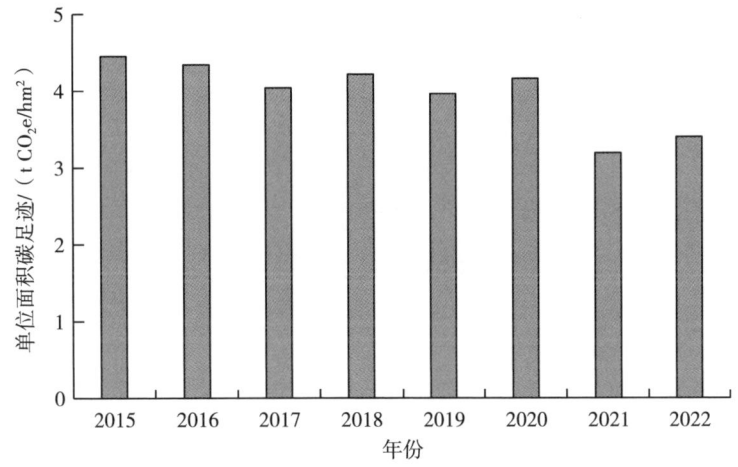

图 4-11　2015—2022 年柑橘单位面积碳足迹时间变化特征

（2）柑橘单位产量碳足迹时间变化特征

2015—2022 年柑橘种植环节单位产量碳足迹呈上升趋势（图 4-12），其中 2015 年单位产量碳足迹为历年最小，为 0.143 kg CO_2e/kg，随后 2016 年单位产量碳足迹上升至 0.161 kg CO_2e/kg，2017—2022 年部分单位产量碳足迹呈现上升趋势，由 0.147 kg CO_2e/kg 上升至历年碳足迹最大值 0.175 kg CO_2e/kg，2022 年相比于 2015 年单位产量碳足迹上升了 22.4%。

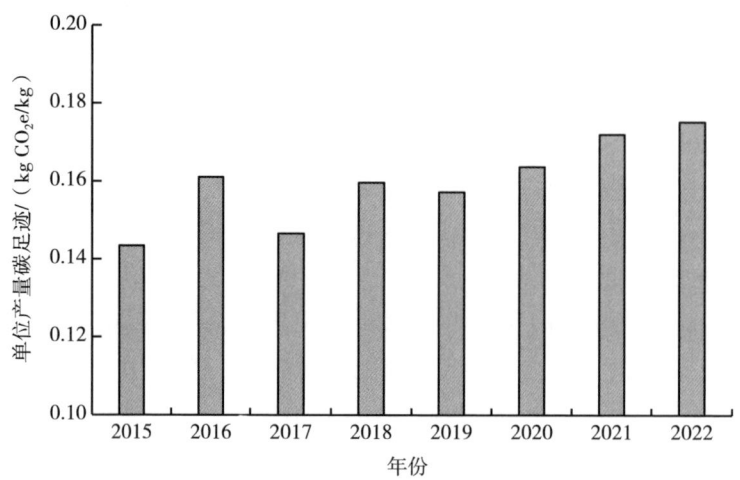

图 4-12 2015—2022 年柑橘单位产量碳足迹时间变化特征

2. 柑橘碳足迹空间变化特征

（1）柑橘单位面积碳足迹空间变化特征

2015—2022 年柑橘各种植区域的单位面积碳足迹范围为 1.93~8.16 t CO_2e/hm^2（图 4-13）。其中，广东的单位面积碳足迹最高，为 8.16 t CO_2e/hm^2；福建及广西的单位面积碳足迹位列第二和第三，

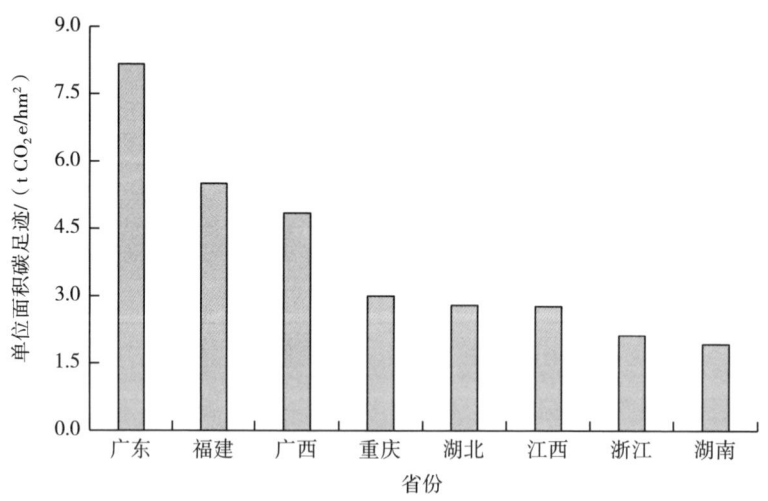

图 4-13 2015—2022 年柑橘单位面积碳足迹空间变化特征

分别为 5.51 t CO_2e/hm^2 和 4.84 t CO_2e/hm^2；重庆、湖北和江西单位面积碳足迹接近，分别为 3.00 t CO_2e/hm^2、2.80 t CO_2e/hm^2 和 2.77 t CO_2e/hm^2；浙江的平均单位面积碳足迹为 2.12 t CO_2e/hm^2；湖南省的单位面积碳足迹最低，为 1.92 t CO_2e/hm^2。

（2）柑橘单位产量碳足迹空间变化特征

2015—2022 年各种植区域的单位产量碳足迹范围为 0.08～0.25 kg CO_2e/kg（图 4-14）。福建单位产量碳足迹最高，为 0.25 kg CO_2e/kg；广东单位产量碳足迹为 0.24 kg CO_2e/kg；广西、湖北、江西的单位产量碳足迹分别为 0.17 kg CO_2e/kg、0.15 kg CO_2e/kg 和 0.13 kg CO_2e/kg；重庆、浙江和湖南单位产量碳足迹较小，分别为 0.11 kg CO_2e/kg、0.10 kg CO_2e/kg 和 0.08 kg CO_2e/kg。福建和广东相对于其他省（区、市）单位产量碳足迹过高，应是未来减排的重点关注区域。

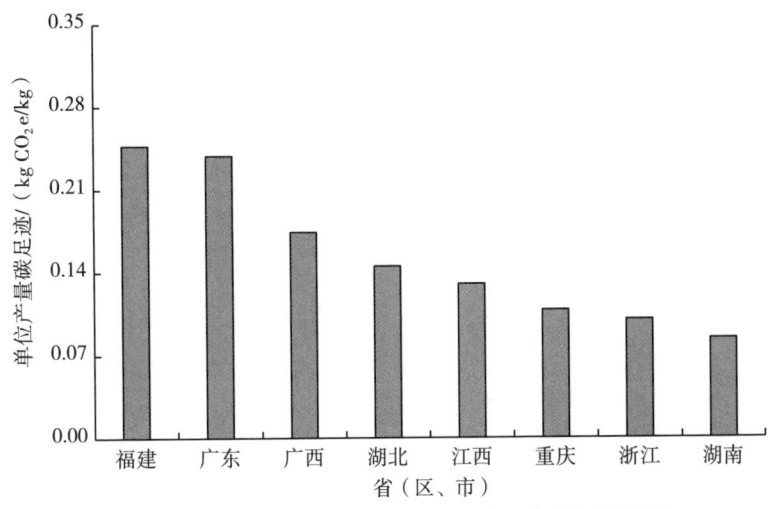

图 4-14　2015—2022 年柑橘单位产量碳足迹空间变化特征

3. 国际比较

各国柑橘单位产量碳足迹存在明显差异（图 4-15）。全球柑橘单位产量碳足迹均值为 0.27 kg CO_2e/kg，法国柑橘的单位产量碳足迹显著高于其他国家，为 0.41 kg CO_2e/kg（Basset-Mens et al.，

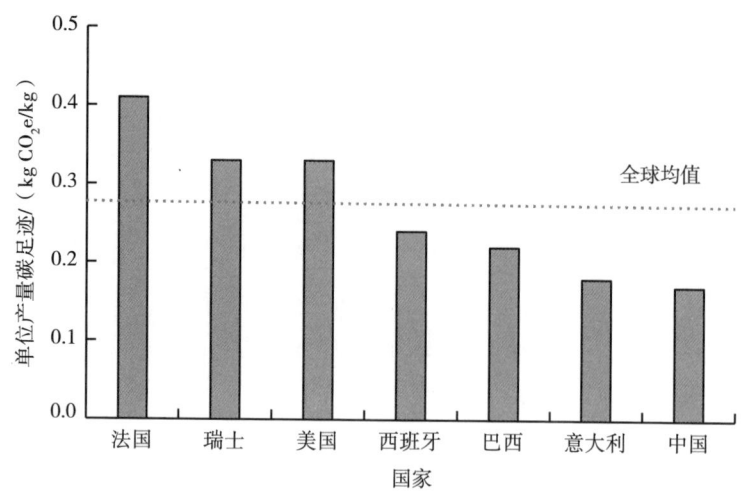

图 4-15 不同国家柑橘种植单位产量碳足迹比较

2014），瑞士和美国的单位产量碳足迹相近，两者均为 0.33 kg CO_2e/kg（Stoessel et al.，2012；González et al.，2011），西班牙、巴西和意大利的碳足迹分别为 0.24 kg CO_2e/kg、0.22 kg CO_2e/kg 和 0.18 kg CO_2e/kg（Pergola et al.，2013；Knudsen et al.，2011）。与其他国家相比，我国柑橘种植环节的单位产量碳足迹最小，同时显著低于全球均值，为 0.17 kg CO_2e/kg，表明我国柑橘低碳种植的政策取得一定的成效，柑橘低碳产业发展位于世界前列，但同时我国部分省（区、市）如福建与广东的单位产量碳足迹值高于西班牙、巴西与意大利等国家，仍存在高排放的情况，因此不同省（区、市）应因地制宜，继续完善柑橘产业低碳种植模式，促进柑橘的低碳发展。

4. 结论

综合来看，在柑橘种植面积与产量日益增加的前提下，2015—2022 年我国柑橘种植环节的单位面积碳足迹总体呈现下降趋势，2022 年相比于 2015 年单位面积碳足迹下降了 28.1%；我国化肥及农药减量增效行动取得一定成效，单位产量碳足迹呈现上升趋势。广东单位面积碳足迹显著高于其他省（区、市），为 8.16 t CO_2e/hm^2，同时广东与福建单位产量碳足迹高于其他省

(区、市），分别为 0.247 kg CO_2e/kg 和 0.239 kg CO_2e/kg，未来是柑橘产业减排的重点关注区域。在全球范围内柑橘单位产量碳足迹均值为 0.27 kg CO_2e/kg，与其他国家相比，我国柑橘单位产量碳足迹最小，未来应保持柑橘低碳产业发展力度，因地制宜构建柑橘低碳发展之路。

二、养殖农产品

（一）研究方法

1. 核算方法

饲料种植加工到养殖场生产阶段的鸡蛋产品碳足迹核算参考国家标准《温室气体　产品碳足迹量化方法与要求　畜产品》（GB/T 44903—2024）的计算方法。

饲料种植加工到养殖场生产阶段的单位蛋产品碳足迹按式（4-5）计算。

$$CF_{FE} = \frac{E_{feed} + E_{farm\ product}}{E_{fresh}} \times AF_{farm\ FE} \qquad (4-5)$$

式中，CF_{FE} 从原材料获取到养殖场边界的蛋产品碳足迹，t CO_2e/t；E_{fresh} 为养殖场边界内鲜蛋产量，t；E_{feed} 为饲料种植阶段产生的GHG排放量，t CO_2e；$E_{farm\ product}$ 为养殖场生产阶段GHG排放总量，t CO_2e；$AF_{farm\ FE}$ 为养殖场生产阶段鲜蛋产品的GHG分配系数，%。

2. 核算边界

蛋产品碳足迹核算的系统边界见图4-16。系统边界内的核算内容包括饲料种植加工和养殖场生产两个阶段。

（1）饲料种植加工阶段

该阶段应包括饲料种植和加工涉及的农资生产运输、饲料原料种植、饲料加工运输等单元过程。各单元过程核算内容如下：

● 农资生产运输单元过程核算内容应包括氮肥、磷肥、钾肥等化肥生产过程产生的GHG排放、农膜生产过程产生的GHG排放、农药

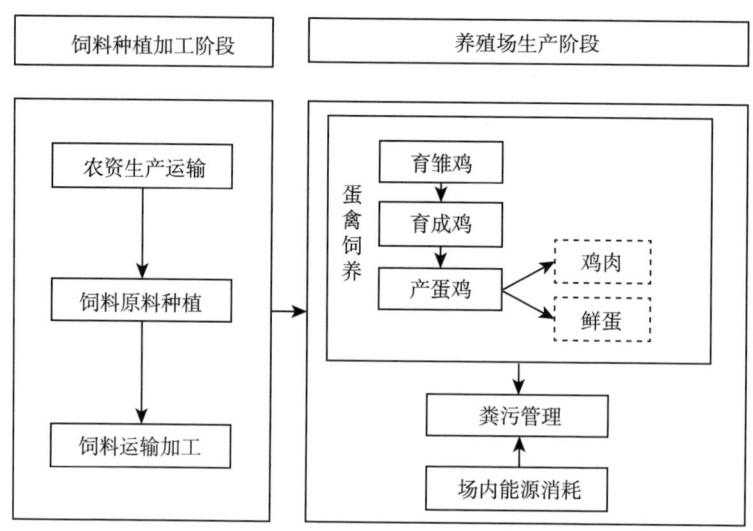

图 4-16 鸡蛋生产碳足迹核算系统边界

生产过程产生的 GHG 排放和农资运输消耗能源产生的 CO_2 排放；

• 饲料原料种植单元过程核算内容应包括氮肥施用产生的 N_2O 排放、粪肥施用产生的 N_2O 排放、尿素施用产生的 CO_2 排放、农机具作业消耗能源产生的 CO_2 排放、灌溉消耗能源产生的 CO_2 排放；

• 饲料加工运输单元过程核算内容应包括饲料加工过程消耗能源产生的 CO_2 排放和饲料运输过程消耗能源产生的 CO_2 排放。

（2）养殖场生产阶段

该阶段应包括蛋禽饲养、粪污管理和场内能源消耗等单元过程。各单元过程核算内容如下：

• 蛋禽饲养单元过程核算内容应包括蛋禽肠道发酵产生的 CH_4 排放；

• 粪污管理单元过程核算内容应包括粪污处理过程产生的 N_2O 和 CH_4 排放，以及沼气 CH_4 回收等可再生能源外供避免排放量、粪肥还田施用产生的 N_2O 排放和稻田粪肥施用增加的 CH_4 排放；

• 场内能源消耗单元过程核算内容应包括养殖场内消耗各类能源产生的 CO_2 排放。

3. 数据来源

2024 年选取华北地区出栏 7 万只和 20 万只的代表性蛋鸡场进行问卷调研。不同规模养殖场在产蛋率、饲养效率、粪便管理和能源消耗等方面存在较大差异（表 4-1）。不同规模养殖场每只蛋鸡的单位产蛋量存在差异，范围为 0.018~0.019 kg/只。不同规模养殖场之间产蛋鸡的开始体重和结束体重存在显著差异，增加体重范围为 0.1~0.76 kg/只。饲料利用效率范围为 3.4~3.8 t/t。粪肥处理方式包括堆肥处理和好氧处理两种。

表 4-1 调研养殖场基本信息

类别	指标	单位	农场 1	农场 2
生产信息	出栏数量	只/a	200 000	70 000
	育雏鸡（0~42 d）	只/a	0	0
	育成鸡（大于 42 d）	只/a	0	0
	产蛋鸡	只/a	200 000	70 000
	结束体重	kg/只	2.10	1.85
	种群存活率	%	93	95
	育雏鸡开始体重	kg/只	0.04	0.04
	育成鸡开始体重	kg/只	0.7	0.8
	产蛋鸡开始体重	kg/只	2.00	1.44
	产蛋鸡结束体重	kg/只	2.1	2.2
	育雏鸡养殖天数	d	42	42
	育成鸡养殖天数	d	98	120
	产蛋鸡养殖天数	d	525	650
	产蛋量	t	3 600	1 350
饲料信息	育雏鸡采食量	kg/(d·只)	0	0
	育成鸡采食量	kg/(d·只)	0	0.07
	产蛋鸡采食量	kg/(d·只)	0.115	0.110
	饲料利用效率	t/t	3.4	3.8
	育雏鸡饲料粗蛋白质	%	—	—
	育成鸡饲料粗蛋白质	%	—	16
	产蛋鸡饲料粗蛋白质	%	16	17

(续表)

类别	指标	单位	农场1	农场2
能源投入信息	电	kW·h/a	40 000	14 000
	柴油	L/a	0	4 000
	汽油	L/a	0	4 000
粪污处理信息	堆肥（静态堆置）	%	100%	0%
	好氧处理	%	0%	100%

（二）鸡蛋碳足迹

1. 不同规模养殖场鸡蛋碳足迹比较

不同规模养殖场鸡蛋碳足迹存在差异性（图4-17）。大规模养殖场（养殖场1）年温室气体排放量为3 672 t CO_2e。大规模养殖场每只产蛋鸡的碳足迹为18.4 kg CO_2e，生产每千克标鸡蛋的碳足迹分别为1.02 kg CO_2e。中型规模养殖场（养殖场2）年温室气体排放量为1 681 t CO_2e。中型规模养殖场单位动物或单位产品的碳足迹均高于大规模养殖场。中型规模养殖场每只产蛋鸡的碳足迹为24.0 kg CO_2e，比大型养殖场每只蛋鸡碳足迹高30.8%。中型养殖场生产每千克标鸡蛋的碳足迹为1.25 kg CO_2e，较大规模养殖场高22.1%。

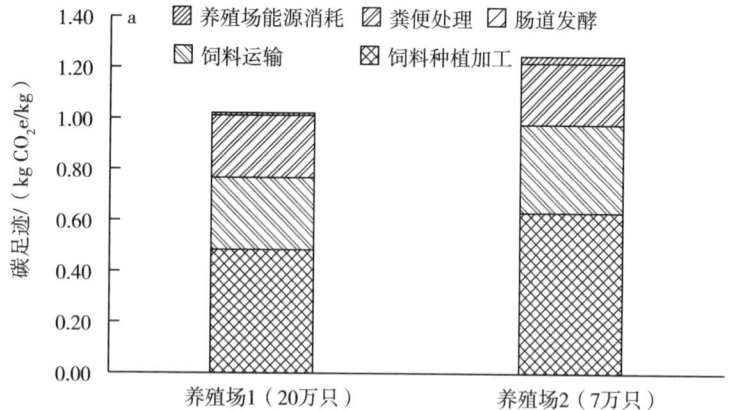

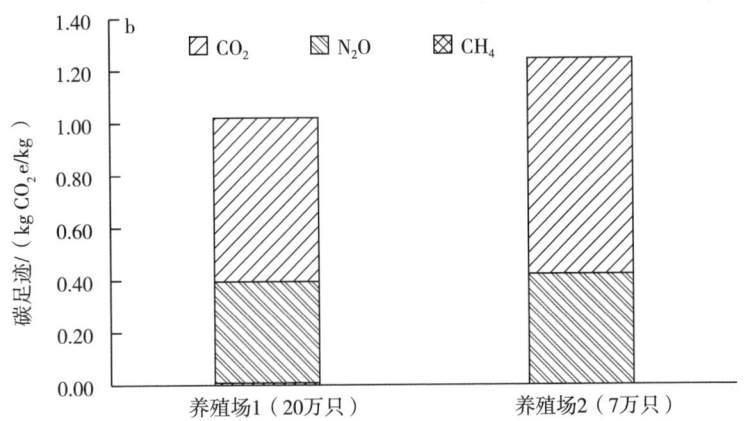

图 4-17 不同规模养殖场鸡蛋碳足迹

大规模养殖场饲料种植加工温室气体排放量为 0.48 kg CO_2e/kg（图 4-18），贡献最大，占 47.4%；其次为饲料运输，其排放量为 0.28 kg CO_2e/kg，占总碳足迹的 27.7%。粪便管理温室气体排放量为 0.24 kg CO_2e/kg，占总碳足迹的 24.0%。中型规模养殖场不同环节的贡献度与大规模养殖场类似，但是在贡献率上存在一些差异。饲料种植加工温室气体排放量为 0.63 kg CO_2e/kg，贡献最大，占 50.7%。其次为饲料运输，其排放量为 0.35 kg CO_2e/kg，占总碳足迹的 27.8%。粪便管理温室气体排放量为 0.24 kg CO_2e/kg，占总碳足迹的 19.3%。

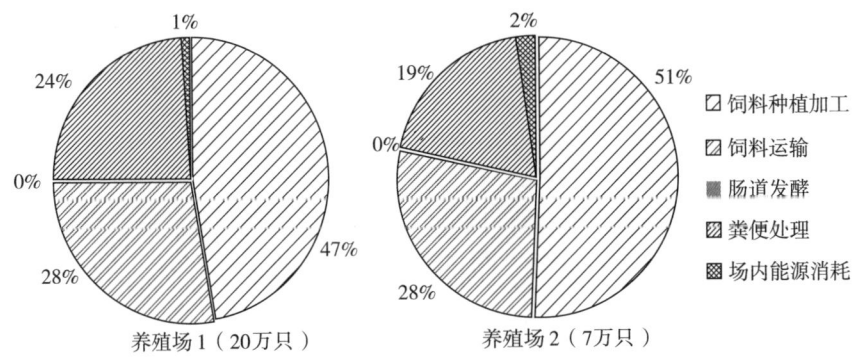

图 4-18 不同养殖阶段温室气体贡献比例

2. 不同类型温室气体碳足迹占比分析

根据不同类型温室气体的碳足迹和贡献对比分析（图4-19、图4-20），大规模养殖场鸡蛋碳足迹CO_2贡献最大，排放量为0.63 kg CO_2e/kg，占总碳足迹的61.2%；其次为N_2O，排放量为0.39 kg CO_2e/kg，占总碳足迹的37.9%；CH_4排放量最小，来自粪便管理，占总碳足迹的0.9%。中型规模养殖场不同气体的贡献度与大规模养殖场类似，但是在贡献率上存在一些差异。CO_2贡献最大，排放量为0.84 kg CO_2e/kg，占总碳足迹的66.1%；其次为N_2O，排放量为0.42 kg CO_2e/kg，占总碳足迹的33.9%。

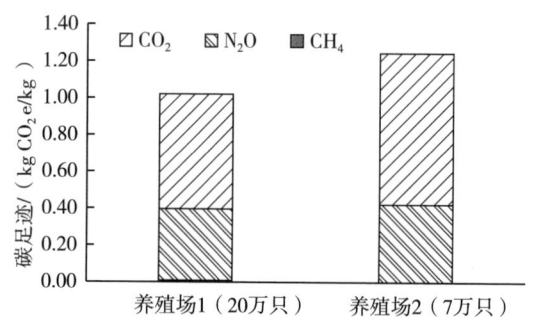

图4-19 不同类型温室气体碳足迹

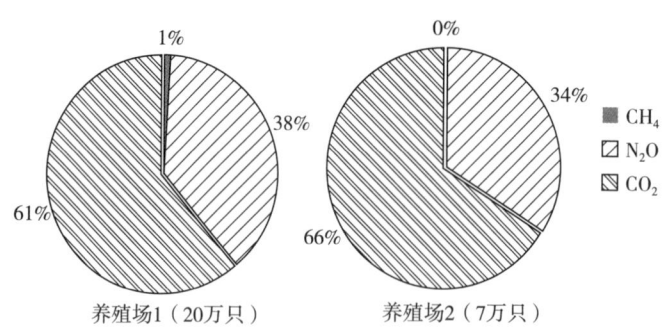

图4-20 不同类型温室气体的贡献比例

3. 讨论

不同的养殖方式会对鸡蛋碳足迹造成影响。有研究表明，散养模式下鸡蛋生产碳足迹普遍高于笼养模式，因为笼养产蛋效率比散养高（耿爱莲等，2006），笼养蛋鸡养殖死亡率（7%）比散养型的死亡率（9%）低；笼养蛋鸡饲料报酬更高（Dekker et al.，2011），笼养型饲养密度高（耿爱莲等，2006）。

鸡蛋生产碳足迹的贡献率从大到小依次为饲料生产加工环节（74.0%±16.5%）、运输及场内能源消耗环节（15.1%±5.5%）、粪便管理环节（13.9%±10%），鸡是单胃动物，基本不产生肠道CH_4排放，故肠道CH_4排放为0（黄文强等，2015）。饲料生产加工环节的排放贡献率占整个碳足迹的55%~85%，是鸡蛋生产系统中的关键排放源，这与本研究的结果一致，但是本研究的占比略低（47%~51%）。提高中国饲料报酬率，可以减少围绕饲料生产加工环节带来的直接或间接温室气体的排放。澳大利亚和荷兰鸡蛋生产笼养和散养模式下粪便管理过程碳足迹分别为0.169 kg CO_2e/kg和0.382 kg CO_2e/kg（黄文强等，2015）。本研究表明，粪便管理过程的碳足迹为0.24 kg CO_2e/kg，在已有报道的范围内。鸡蛋生产碳足迹中温室气体的贡献率从大到小为CO_2（55.4%±2.7%）、N_2O（39.3%±2.4%）和CH_4（7.9%±2.3%）（黄文强等，2015），CO_2是鸡蛋生产碳足迹中贡献率最高的温室气体，与本研究结论一致。已有研究中CO_2排放量占整个系统的55.42%±2.7%，略低于本研究的结果（61%~66%）。另外，蛋鸡饲养模式既有机械化笼养，也有农户笼养和散养，建议对中国不同模式下鸡蛋生产碳足迹进行评估，为中国蛋鸡低碳养殖提供技术支撑。

（三）国际比较

中国作为全球产蛋量最大的国家，约占全球蛋鸡产蛋量的40%。我国人均禽蛋消费量在过去10年里增长了51%，达到人均占有22 kg。禽蛋的人均消费量已经远远超过世界平均水平，与世界发达国家的平均消费水平相当。禽类产品已成为继猪肉之后最重要的动物蛋白源。现阶段禽类温室气体排放居所有畜禽总温室气体排放的第7名。定量分析鸡蛋生产过程的碳排放，摸清底数，发现关键排放环节，对于行业绿色低碳转型十分重要。

每千克鸡蛋的碳足迹为 1.02 kg CO_2e（大规模养殖场）和 1.25 kg CO_2e（中型规模养殖场），低于全球大部分其他国家鸡蛋碳足迹（图4-21）。目前研究中每生产 1 kg 鸡蛋的碳足迹范围为 1.3~6.2 kg CO_2e（黄文强等，2015）。澳大利亚全国的蛋鸡养殖产业碳足迹评估结果最低，笼养模式下从饲料生产到加工大门的鸡蛋生产碳足迹为 1.3 kg CO_2e（Wiedemann et al.，2011）。美国鸡蛋碳足迹也相对较低，范围为 1.5~2.08 kg CO_2e/kg（Nathan et al.，2014；Pelletier et al.，2013）。Nijdam 等（2012）评估的加拿大、英格兰和威尔士鸡蛋工业的碳足迹范围为 1.7~5.5 kg CO_2e/kg。西班牙每千克鸡蛋的碳足迹约为 3.4 kg CO_2e（Rocío et al.，2018）。荷兰鸡蛋生产系统碳足迹范围为 3.9~4.6 kg CO_2e/kg（Mollenhorst et al.，2006），Dekker 等（2011）对荷兰全国蛋鸡养殖系统散养模式下从饲料生产到农场大门的鸡蛋碳足迹进行评估，结果为每生产 1 kg 鸡蛋的碳足迹是 2.75 kg CO_2e。伊朗鸡蛋生产的碳足迹为 4.07 kg CO_2e/kg（Ghasempour et al.，2016）。Cederberg 等（2009）评估的瑞典农场门户鸡蛋碳足迹最低值为 1.4 kg CO_2e/kg，高于本研究结果。中国已有研究中，鸡蛋碳足迹为 1.4 kg CO_2e/kg，高于本研究结果，这是因为本研究核算养殖场为中大型蛋鸡场，它们具有更高

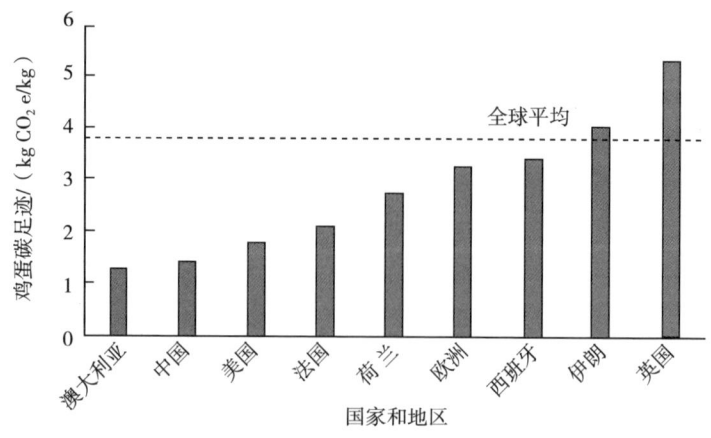

图 4-21 不同国家和地区鸡蛋碳足迹比较

的生产水平、更科学的饲料配比、更加规范的粪便管理和能源消耗，温室气体排放量更低。

（四）结论

不同规模养殖场碳足迹存在差异。中型规模养殖场单位动物或单位产品的碳足迹均高于大规模养殖场。大规模养殖场每生产 1 kg 标鸡蛋的碳足迹为 1.02 kg CO_2e。中型规模养殖场每生产 1 kg 标鸡蛋的碳足迹为 1.25 kg CO_2e，较大规模养殖场高 22.5%。饲料种植加工温室气体排放量贡献最大，其次为饲料运输、粪便管理和场内能源消耗温室气体排放。CO_2 是鸡蛋生产碳足迹中贡献率最高的温室气体，其次是 N_2O 和 CH_4。本研究每千克鸡蛋的碳足迹低于全球大部分其他国家的鸡蛋碳足迹，说明我国鸡蛋的生产效率和环境效率较高。国际上对不同养殖模式的鸡蛋碳足迹比较发现，不同模式下的鸡蛋碳排放存在较大差异，建议对中国不同模式下鸡蛋生产的碳足迹进行评估，为中国蛋鸡低碳养殖提供技术支撑。

参考文献

耿爱莲，李保明，2006. 蛋鸡笼养福利问题以及蛋鸡养殖模式 [J]. 农业工程学报，22(14)：121-126.

黄文强，董红敏，朱志平，等，2015. 畜禽产品碳足迹研究进展与分析 [J]. 中国农业科学，48(1)：93-111.

周志花，2018. 利用 LCA 法核算农作物生产碳足迹 [D]. 北京：中国农业科学院研究生院.

ABÍN R, LACA A, LACA A, et al., 2018. Environmental assessment of intensive egg production: A Spanish case study [J]. Journal of Cleaner Production, 179: 160-168.

AUDSLEY E, BRANDER M, CHATTERTON J, et al., 2009. How low can we go? An assessment of greenhouse gas emissions from the UK food system and the scope to reduce them by 2050 [R]. WWF-UK.

BARBER A, PELLOW G, BARBER M, 2011. Carbon Footprint of New Zealand Arable Production: Wheat, Maize Silage, Maize Grain and Ryegrass Seed: Prepared for Foundation for Arable Research, Ministry of Agriculture and Forestry [M]. AgriLINK New Zealand Ltd.

BASSET-MENS C, VANNIÉRE H, GRASSELLY D, et al., 2014. Environmental impacts of imported versus locally-grown fruits for the French market as part of the AGRIBALYSE© program [C]. San Francisco: Proceedings of the 9th International Conference on Life Cycle Assessment in the Agri-Food Sector: 78-87.

BIEŃKOWSKI J F, DĄBROWICZ R, HOLKA M, et al., 2015. Carbon footprint of rapeseed in conventional farming: Case study of large-sized farms in Wielkopolska region (Poland) [J]. Asian Journal of Applied Science and Engineering, 4: 191-200.

BROWNE N A, ECKARD R J, BEHRENDT R, et al., 2011. A comparative analysis of on-farm greenhouse gas emissions from agricultural enterprises in south eastern Australia [J]. Animal Feed Science and Technology, 166-167: 641-652.

CEDERBERG C, SONESSON U, HENRIKSSON M, et al., 2009. Greenhouse gas emissions from Swedish production of meat, milk and eggs 1990 and 2005 [R]. SIK Report No. 793.

DEKKER S E M, DE BOER I J M, VERMEIJ I, et al., 2011. Ecological and economic evaluation of Dutch egg production systems [J]. Livestock Science, 139(1): 109-121.

DENG X, 2022. A review and perspective for citrus breeding in China during the last six decades [J]. Acta Horticulturae Sinica, 49 (10): 2063-2074.

FORLEO M B, PALMIERI N, SUARDI A, et al., 2018. The eco-efficiency of rapeseed and sunflower cultivation in Italy. Joining environmental and economic assessment [J]. Journal of Cleaner Production, 172: 3138-3153.

GHASEMPOUR A, AHMADI E, 2016. Assessment of environment impacts of egg production chain using life cycle assessment [J]. Journal of Environmental Management, 183: 980-987.

GONZÁLEZ A D, FROSTELL B, CARLSSON-KANYAMA A, 2011. Protein

efficiency per unit energy and per unit greenhouse gas emissions: Potential contribution of diet choices to climate change mitigation [J]. Food Policy, 36(5): 562-570.

KNUDSEN M, DE ALMEIDA G F, LANGER V, et al., 2011. Environmental assessment of organic juice imported to Denmark: A case study on oranges (*Citrus sinensis*) from Brazil [J]. Organic Agriculture, 1(3): 167-185.

MACWILLIAM S, SANSCARTIER D, LEMKE R, et al., 2016. Environmental benefits of canola production in 2010 compared to 1990: A life cycle perspective [J]. Agricultural Systems, 145: 106-115.

MOLLENHORST H, BERENTSEN P, DE BOER I, 2006. On-farm quantification of sustainability indicators: An application to egg production systems [J]. British Poultry Science, 47: 405-417.

MOUSAVI-AVVAL S H, RAFIEE S, SHARIFI M, et al., 2017. Application of multi-objective genetic algorithms for optimization of energy, economics and environmental life cycle assessment in oilseed production [J]. Journal of Cleaner Production, 140: 804-815.

NIJDAM D, ROOD T, WESTHOEK H, 2012. The price of protein: Review of land use and carbon footprints from life cycle assessments of animal food products and their substitutes [J]. Food Policy, 37: 760-770.

PELLETIER N, IBARBURU M, XIN H W, 2014. Comparison of the environmental footprint of the egg industry in the United States in 1960 and 2010 [J]. Poultry Science, 93: 241-255.

PELLETIER N, IBARBURU M, XIN H, 2013. A carbon footprint analysis of egg production and processing supply chains in the Midwestern United States [J]. Journal of Cleaner Production, 54: 108-114.

PERGOLA M, D'AMICO M, CELANO G, et al., 2013. Sustainability evaluation of Sicily's lemon and orange production: An energy, economic and environmental analysis [J]. Journal of Environmental Management, 128: 674-682.

STOESSEL F, JURASKE R, PFISTER S, et al., 2012. Life cycle inventory and carbon and water food print of fruits and vegetables: Application to a Swiss retailer [J]. Environmental Science & Technology, 46(6):

3253-3262.

WIEDEMANN S, MCGAHAN E, 2011. Environmental Assessment of an Egg Production Supply Chain Using Life Cycle Assessment [M]. Australian Egg Corporation Limited.

领衔作者：李迎春

主要作者：秦晓波　魏　莎　马　芬　刘家良

第五章 典型案例

本章摘要

本章重点介绍了低碳发展在农业领域的6个典型案例，从不同角度展示了农业低碳转型的创新实践及其显著成效，体现了低碳农业在保障粮食安全、促进环境可持续发展和提升经济效益方面的重要作用。本章主要观点如下。

技术创新是实现农业低碳发展的关键。高产低碳水稻种植技术：通过创新秸秆还田下的旱耕湿整好氧耕作和控水增密的增氧栽培等技术，不仅实现了水稻产量的提升，还显著降低了稻田 CH_4 排放。该技术连续4年在黑龙江省桦川县示范推广，平均水稻产量较传统模式增加 4.1%，CH_4 减排 31.7%，节本增效 8.8%。秸秆资源化能源化减排固碳模式：浙江省平湖市通过推广秸秆覆盖还田、秸秆发酵种植蘑菇、秸秆压制生物质燃料等技术，实现了秸秆的高效利用和碳排放的减少。2023年平湖市秸秆综合利用率达到 97.83%，通过秸秆综合利用减少的碳排放量相当于抵消了 13.3% 的水稻种植碳排放。

农业绿色低碳模式探索是领军企业高质量发展转型路径。现代农业技术服务平台（Modern Agriculture Platform，MAP）绿色低碳模式：MAP通过再生农业技术，为农民提供全程种植解决方案，包括秸秆全量还田、有机肥替代化肥、水肥一体化等措施，有效降低了作物生产过程中的温室气体排放。以南方稻田为例，MAP再生农场水稻单位产量碳排放量比传统农场减少 16.57%。奶牛养殖场低碳养殖实践：通过优化种植与日粮结构、改进粪便管理方式、提高能源利用效率等措施，实现了奶牛养殖过程中的低碳减排。2023年示范牧场合计实现温室气体减排 2.97 万 $t\ CO_2e$，同时，通过沼液沼渣还田替代化肥，平均每头泌乳牛每年减少温室气体排放 0.28 $t\ CO_2e$。

农村低碳转型是农业绿色发展的重要方向。秸秆生物炭转化炭基肥还田固碳模式：济源秸秆生物炭转化与还田固碳工程通过秸秆生物炭转化、炭基有机肥生产，促进了区域秸秆等农业废弃物的资源化利用。取得直接和间接效益累计达到 5 390 万元，减排固碳贡献约 2.1×10^4 t CO_2e，为农业生产固碳提质提供了技术支持和模式借鉴。零碳村镇典型案例：辽宁朝阳贾家店农场发展可再生能源，推动清洁能源系统化应用，减排 2 067 t CO_2e，成功打造零碳村镇，实现了农村能源的绿色低碳全面转型，为村镇绿色能源供给提供典型样板。

典型案例展示了农业低碳转型的多样性和创新性，通过技术创新和模式探索，农业可以在保障粮食安全的同时，实现环境可持续发展和经济效益的提升。未来，随着低碳农业技术的不断推广和应用，农业领域将在应对全球气候变化中发挥更加重要的作用。

一、高产低碳水稻种植技术

（一）基本情况

2022 年 7 月，习近平总书记在《求是》中指出，农业农村减排固碳，既是重要举措，也是潜力所在。水稻是我国最重要的口粮作物，全国 60% 以上的人口以稻米为主食。稻田 CH_4 排放约占农业领域 CH_4 排放总量的 40%。我国向国际承诺 2030 年前实现碳达峰、2060 年前实现碳中和，CH_4 减排至关重要。CH_4 对气候变暖的贡献达 20% 以上，全球人为排放的 CH_4 有 20% 来自稻田。因此，水稻丰产与稻田 CH_4 减排对于保障我国口粮绝对安全和农业温室气体减排至关重要。在农业农村部等部门联合颁布的《"十四五"全国农业绿色发展规划》《农业绿色发展技术导则（2018—2030 年）》文件中，稻田 CH_4 减排技术被列为我国农业农村减排固碳的首选技术。

秸秆还田等肥料化利用技术正在大面积应用推广，是促进土壤固碳、提高土壤肥力、实现"藏粮于地"最有效的措施。在传统淹水稻作下，大量秸秆还田不仅影响水稻生长，而且导致 CH_4 排放显著增加。针对现代稻作的新问题，本技术集成秸秆还田下旱耕湿整的好氧耕作、控水增密的增氧栽培等关键技术，实现了水稻丰产、CH_4 低排、农民增收的协同，为我国粮食安全和农业农村领域减排固碳等提供了重要技术支撑。东北稻区是我国优质粳稻商品粮基地，约占我国粳稻总产量的50%。随着秸秆肥料化利用的推进，约50%的秸秆直接原位还田利用，尤其在黑龙江，还田率将近70%。但该稻区属于气候冷凉稻区，仍存在秸秆还田量大、还田质量不佳且腐解慢、前期CH_4排放高、水稻丰产性不稳等问题。作为示范基地，黑龙江省桦川县是全国粮食生产先进县、国家现代农业示范区和中国好粮油水稻示范县，该地区水稻种植面积占全县作物种植面积的90%，位于黑龙江第三积温带，水稻以11叶品种为主。本技术基于秸秆高质量还田，以旱耕湿整的好氧耕作、增密控水的增氧栽培技术为核心，配套优质丰产水稻品种以及生物炭基肥等减排产品，2019年以来连续4年示范推广秸秆还田丰产减排耕作技术，示范面积超过2万亩。

（二）主要做法

1. 技术措施

组建国内作物、土壤、生态、农业机械等学科优势团队，形成"作物-土壤-环境"一体化创新研究网络，协同开展田间试验、技术集成与示范；创新"科技人员与村党支部、新型经营主体联学共建"的推广模式，形成"首席专家+区域技术负责人+县级责任专家+包区技术员+科技示范户"的科技推广队伍；构建"示范验证田→核心区→示范区→辐射区"的链式推广辐射体系，通过专家讲解、现场展示等技术培训，让农户看得见、听得懂、学得会。

(1) 高产低排放水稻品种

结合各积温带气候资源特征，选择通过国审（或省审）的收获指数高、茎秆强壮、根系发达、抗倒能力强，并且生育期适宜、抗逆性强的优质丰产水稻品种。结合前期研究结果，通过提高收获指数实现CH_4减排的潜力确实有限，但高收获指数依旧是现代水稻高产的重要前提条件之一。

(2) 大棚旱育壮秧

采用软盘旱育秧方式。不同稻作区根据气候条件确定播种期和播量，同时做好种子处理、床土准备及播种工作。播种后，出苗前不灌水，出苗到2叶前，膜内温度应控制在25℃以内，过高应通风降温，2叶期开始应看天气通风炼苗，3叶期左右揭膜，之后勤浇水，均匀浇水；揭膜1~2 d后于傍晚浇施追苗肥尿素5 kg/亩，移栽前3~4 d视秧苗长势施送嫁肥尿素5 kg/亩；同时做好病虫草害防治。

（3）前茬秸秆粉碎均匀抛撒还田

宜采用安装秸秆粉碎抛撒装置的水稻联合收割机进行收获，一次性完成水稻收获和秸秆粉碎抛撒作业（图5-1）。秸秆粉碎长度≤10 cm，秸秆抛撒不均匀率≤20%，粉碎长度合格率≥85%，漏切率≤1.5%，且无明显漏切。若留茬过高、秸秆粉碎抛撒达不到要求，可采用秸秆粉碎还田机进行一次秸秆粉碎还田作业。

图5-1　秸秆粉碎均匀抛撒

（4）秋季旱耕整地，埋茬增氧

宜采用秋翻耕和秋旋耕交替进行的轮耕整地方法，水稻适时收获后，土壤含水量在30%以下时，使用铧式犁进行翻耕，深度18~22 cm；水稻适时收获后，土壤含水量在25%以下时，宜采用反旋深埋旋耕机进行旋耕（图5-2），深度15 cm以上，达到无漏耕、无暗垡、不拖堆、地表平整、秸秆与根茬无外漏。

图5-2　秸秆旱（湿）反旋入土

(5) 春季浅水泡田，少免搅浆压茬平地

秋翻耕后的稻田在翌年春季插秧前 15~25 d 放水泡田，淹没最高至垡片的 2/3 处，泡田时间 5~7 d。秋旋耕后的稻田在翌年春季插秧前 15~25 d 放水泡田，泡田深度高出旋耕后的土壤表面 2~3 cm，泡田时间 3~5 d。泡田后采用无驱动搅浆平地机进行搅浆，搅浆平地后保持 2~3 cm 水层沉浆（图 5-3）。

图 5-3 浅水埋茬平地

(6) 增穴稳苗，调肥增效

沉浆后达到插秧要求时，按照品种特性和当地生产条件，行距 30 cm 保持不变，穴距在常规种植的基础上减少 2 cm，增加插秧密度。基肥每公顷施纯氮（N）36.0~43.2 kg、氧化钾（K_2O）25~30 kg、五氧化二磷（P_2O_5）60~75 kg。返青后立即施返青肥，每公顷施纯氮（N）30~36 kg。返青后 10~15 d 施分蘖肥，每公顷施纯氮（N）30~36 kg。倒 2 叶露尖时，每公顷追施纯氮（N）24.0~28.8 kg、氧化钾（K_2O）15~18 kg。

(7) 精准控灌，增氧促根

返青期保持田面湿润无水层。分蘖期施蘖肥前 1 d，灌 2~3 cm 水层（图 5-4），达到花达水再补灌 2~3 cm 水层，依次循环管理。在有效分蘖临界叶龄期开始晒田，一般晒田 5~7 d。拔节孕穗期和抽穗开花期保持 1~3 cm 浅水促花保花，灌浆期干湿交替（每次灌水后自然落干）（图 5-5），前水不见后水，成熟期提前 7 d 左右排水晾田。

图 5-4　水稻分蘖期控水灌溉

图 5-5　水稻灌浆结实期控水灌溉

（8）绿色防控，统防统治

病虫草害防控要坚持"预防为主、绿色防控、综合防治"的原则，充分利用农业防治、生物防治和化学防治等措施进行统防统治。

2. 政策措施

项目成果在我国水稻主产区黑龙江开展技术集成示范与大面积推广应用，并在关键农时开展田间课堂，加大技术示范展示效果，加强人员技术培训与指导。优先将技术成果在新型经营主体（或企业）开展示范与应用，展示新技术的示范效果，通过组织农户进行技术培训，开展通俗易懂、操作简便、效果显著的田间展示，让农户能看得懂、听得明白、易于掌握、稳粮增收。结合各级政府部门出台的秸秆还田、节水灌溉、化肥农药"双减"等政策，与各地农业农村部门合作，协同推进技术落地；在项目实施过程中，充分考虑地方生产特点，与主要粮油作物绿色高产高效、大面积提高单产水平以及规模化种植主体等各类奖补措施相衔接，扩大技术的到位率和推广范围。通过丰产优质减排技术应用，推进优质稻米品牌建设和园区（基地）生态质量提升。

（三）主要成效

采用静态箱法，在东北单季稻区连续多年进行田间监测，结果表明，该稻作模式下平均水稻产量较传统模式增加 4.1%，CH_4 平均减排 31.7%，平均节本增效 8.8%。目前该技术通过水稻"田间课堂"模式于 2019—2022 年在我国东北单季稻区黑龙江省示范推广累计超过 400 万亩，其中在黑龙江省桦川县连续 4 年累计示范推广秸秆还田丰产减排技术 3 万亩，每亩水稻增产 26~36 kg、CH_4 减排 155~242 kg CO_2e、节本增收 67.6~93.6 元。该技术入选了农业农村部主推技术、农业农村减排固碳十大技术模式，以及中国科学技术协会"科创中国"主推技术，部分成果被编入农业农村部科技教育司《2021 年秋收农作物秸秆还田指导意见》。该技术实现了水稻丰产稳产、稻田 CH_4 减排、农民节本增收的协同，可为我国再新增千亿斤粮食和生态低碳农业发展提供关键技术支撑。

（四）案例总结

高产低碳稻作对于实现我国口粮绝对安全和农业碳中和的"双赢"具有重要意义。作物秸秆高质量还田，实现了水稻丰产稳产，有利于口粮绝对安全；避免了秸秆焚烧和随意堆放带来的环境影响，改善了农村和农田周边环境。尽管水稻秸秆还田增加了稻田 CH_4 排放，但通过本成果中旱耕和控水增密等耕作栽培措施可以增加耕层通气性，促进 CH_4 氧化，有效减少秸秆还田后的稻田 CH_4 排放。稻田 CH_4 减排效果显著，不仅为我国农业实现 2030 年前碳达峰、2060 年前碳中和提供技术支撑，也为我国经济发展争取更大碳排放空间。项目成果为我国在稻田 CH_4 减排的国际合作中提供了更多策略，可增加我国在国际碳排放领域的谈判砝码。

高产低碳稻作模式推广，提高了农户对农业绿色发展的认识和整体技术水平，社会、生态、经济效益突出。通过高产低碳稻作"田间课堂"展示，在地方农业部门和科研院所协助下开展新模式推广与宣传，采用线上线下相结合的方式培训新型农业经营主体、技术人员及农户达 6 000 余人次，加强了现代农业经营主体对丰产区粮食安全条件下降碳的认知。随着碳交易产品的开发，稻田减排将为实现稻农增收提供了技术支撑。与传统稻作模式相比，按照当前全国碳市场 CEA 挂牌协议交易价 98.5 元/t 计算，预估交易额超过 50 万元。绿色低碳是我国水稻产业可持续发展的新方向，CH_4 减排已被纳入我国农业农村碳达峰碳中和的首选技术措施，该技术应用前景非常广阔。

二、秸秆资源化能源化减排固碳模式

（一）基本情况

近年来，浙江省平湖市始终将秸秆禁烧禁抛和综合利用作为防治大气污染、推进环境整治、加快"美丽平湖"建设的重要抓手，围绕乡村振兴战略，以提高秸秆综合利用率为主线，以增强秸秆机械化处置能力为手段，体系化推进全市秸秆综合利用。

平湖市农作物秸秆主要种类是水稻、小麦、豆类、油菜等秸秆，根据 2023 年平湖市统计局数据，2023 年全市粮油作物播种面积 43.88 万亩，其中水稻 23.36 万亩、小麦 18.02 万亩、大豆 0.96 万亩、油菜 1.27 万亩。2023 年，平湖市农作物秸秆理论资源量为 20.85 万 t，可收集资源量为 15.87 万 t，秸秆利用量（去除炊事燃料利用）为 15.53 万 t。其中，肥料化利用（直接还田）7.29 万 t，基料化利用 3.48 万 t，原料化利用 0.7 万 t，饲料化利用 0.003 万 t，炊事燃料利用 0.20 万 t，区域调出 4.06 万 t。秸秆综合利用率为 97.83%，其中，秸秆离田率 51.93%，较 2022 年提高 10%以上，明显高于全省平均水平。

平湖市秸秆高效增值利用模式突出高效还田、增值离田特点，通过引进和改良先进耕作机具、大力培育秸秆机械化收集服务组织，提高秸秆还田效率，扩大秸秆离田比例，进一步拓宽秸秆综合利用渠道，提高综合利用附加值，实现还田、离田相辅相成，高效增值。

(二) 主要做法

1. 技术措施

以推进农作物秸秆肥料化、基料化、能源化、原料化和饲料化"五化"利用为核心，实现以秸秆发酵种植蘑菇、秸秆制生物质燃料产销一体化、秸秆炭化制专用肥、秸秆制生态护坡材料、秸秆商品化运营为代表的秸秆利用自用和出售相结合的模式。

（1）秸秆覆盖还田—免耕带旋条播开沟一体化技术

通过引入和改良耕作机具，结合农艺优化，研究集成了适宜在浙江省稻茬小麦的秸秆覆盖还田—免耕带旋条播开沟一体化技术。此技术将传统秸秆还田、小麦播种等4次作业工序简化到1~2次，避免土壤结构破坏，有利于排水降渍；同时免耕作业降低了动力需求，通过旋耕播种保障播种深度一致，实现一播全苗，减少播种量，提高出苗率；通过将粉碎秸秆抛撒于已播种的田畦，实现秸秆覆盖于地表，有助于减少杂草的萌发和翌年病虫发生风险，有的一体化机械通过加装除草剂喷施装置，即在播种时同步实现封闭除草。与传统秸秆粉碎—翻压还田—小麦撒播技术模式相比，该技术播种效率提高50%以上，播种量节省15%，出苗率提高20%，小麦草害减少30%，小麦赤霉病发生风险降低25%，有利于减少农药用量（图5-6）。

图5-6 秸秆还田—旋耕—机械条播一体化技术

（2）秸秆发酵种植双孢蘑菇技术

选择地势高爽、环境清洁、远离污染、水陆交通方便的位置建设菇棚，每幢菇棚栽培面积竹棚 556 m^2、钢棚 334 m^2，菇棚与堆料场比例为 3∶2；在 8 月中旬至 9 月中旬利用秸秆堆制发酵，每 111 m^2 使用稻草（秸秆）3 000 kg、菜饼 200 kg、尿素 40 kg、硫铵 20 kg、磷肥 70 kg、石膏（复肥）70 kg、石灰 75 kg。翻堆（料）3 次，间隔时间分别为 5 d、4 d、3 d，要求料堆中间温度 70 ℃，水分掌握一次湿透，二次补充，三次原则不加。室外前发酵结束时培养料颜色呈咖啡色，生熟度适中，水分控制 65%～70%，pH 值 8.5。按重量计算，1 t 秸秆与其他添加按比例配合，制成 2 t 菌菇基质，自制 1 t 基质与直接购买基质相比约可节约成本 40 元/t（图 5-7）。

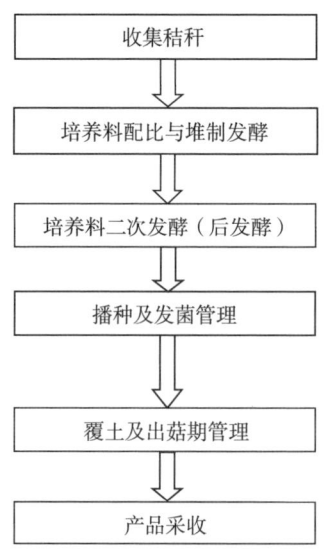

图 5-7　秸秆发酵种植双孢蘑菇技术模式

（3）秸秆压制生物质燃料技术

秸秆抢晴收割后，机械打捆，贮存堆放，秸秆切断粉碎后，烘干与木屑混匀，将混合物送入生物质燃料成型机压制成条状或颗粒状的燃料，送周边热电厂发电利用。每吨秸秆制生物质燃料可得利润 300 元/t（图 5-8）。

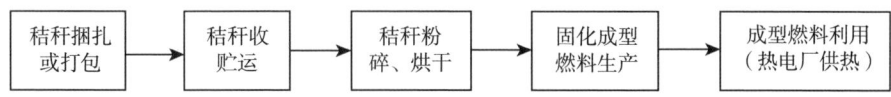

图 5-8　秸秆压制生物质燃料技术

（4）秸秆粉碎制草纤维原料技术

秸秆抢晴收割后，机械打捆，贮存堆放，秸秆切断粉碎，直至丝状草纤维，然后压缩打包，作为生态护坡等各种原料利用，出售价格 780 元/t，利润达 600 元/t（图 5-9）。

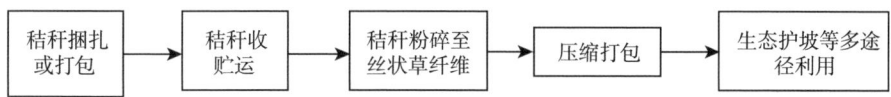

图 5-9　秸秆粉碎制草纤维原料技术

（5）秸秆机械化捆扎技术

大麦、小麦、水稻收割时用半喂入高性能联合收割机，留茬 10~15 cm，同时启动秸秆切碎装置，将秸秆切成 5~10 cm 长度，并自动分撒于田面，用揉草机将平铺于田面的秸秆分道堆拢，选用秸秆捆扎机械连片打包压实，每包约 200 kg，呈圆柱体易推动，推移至田埂或直接夹包装车运走，不影响农田作业，秸秆出售利润 120~300 元/t（图 5-10、图 5-11）。

图 5-10　秸秆机械化捆扎技术

图 5-11　秸秆捆扎打包作业现场

2. 政策措施

(1) 建立规划引导体系

指导编制《平湖市秸秆全量化利用规划（2019—2025年）》，明确到2025年秸秆综合利用率达到98%，其中秸秆直接还田率调减至53%，离田利用率达到45%以上。围绕秸秆"五化"高值利用能力建设，分区域提出平湖市秸秆全量化利用工作目标：在市中心、西南部街道和东北部乡镇构建升级版"稻—菇—笋"生态循环利用模式；北部乡镇大力推进秸秆制作生物质燃料化发展；南部乡镇开辟秸秆原料化利用新路径。同时，大力培育秸秆收贮运服务主体，以市东北部乡镇为先导区，构建秸秆跨区域循环利用虚拟园区，推动农作物秸秆商品化运营。

(2) 政策扶持体系

2015年、2018年、2021年，平湖市先后3次出台完善秸秆"双禁"和综合利用工作实施意见和方案。同时，配套出台秸秆"双禁"和综合利用工作考核办法、资金管理办法、秸秆收集点管理办法等，政策上不断创新，优化补助标准，有力推进了秸秆综合利用工作的开展。第一，分档分级实施秸秆综合利用以奖代补政策，按稻麦播种面积给予乡镇150~300元/hm^2补助，提高基层对秸秆综合利用工作的自主性，激励各镇街道提升秸秆综合利用工作管理水平；第二，利用北斗导航定位系统辅助作业核查，实现政策补助数字化、精准化，促进秸秆全量化利用全程加速；第三，为秸秆收贮中心建设和秸秆综合利用项目引进提供经济支持，采取项目申报制度对每个项目建设给予最高50万元补助；第四，新增秸秆综合利用产业补助，对本地特色秸秆循环利用产业（蘑菇、芦笋）发展提供经济支持，引导主体保持基地环境整洁、开展循环利用和清洁化生产，对符合要求的主体给予1 800元/hm^2补助。

(3) 建立管控体系

建立"部门和镇（街道）干部包村、村干部包户、户承诺"

制度，逐级落实包干责任，形成"横向到边、纵向到底、全域覆盖、上下联动"的网格化管理体系。坚持人防与技防同步发力，在每年重点农事季节，各级成立秸秆禁烧巡察组，设立举报电话，发动全社会力量共同参与监督，近3年来，共办理秸秆露天焚烧案件24起，罚没款1.14万元。

3. 运行机制

（1）加强组织领导，优化督考机制

成立由市长任组长，分管综合执法、自然资源和规划、生态环境、农业农村局的副市长为副组长，相关部门为成员单位的秸秆"双禁"和综合利用工作领导小组，下设"一组一办"，即秸秆"双禁"和综合利用工作督查组、办公室。督查组实行分片包镇街道制，办公室负责全市秸秆"双禁"和综合利用工作的指导、督促、检查、考核。办公室下设4个巡察组，实行分片巡察。

（2）健全工作体系，构建生态产业链

平湖市不断强化秸秆收集主体培育，壮大秸秆收集队伍。不断加快土地流转，夯实秸秆连片收集基础。秸秆机械化捆扎收集逐步发展，培育3家专业化秸秆捆扎收集社会化服务主体，拥有秸秆收贮中心3个，服务范围覆盖平湖市，截至目前共拥有拖拉机55台、打包机40台、夹包机9台、搂草机8台、装载机4台、场地秸秆堆高机1台、自卸货车1辆；年均捆扎面积可达14万亩。同时，平湖市以推进农作物秸秆"五化"利用为核心，逐步建立起以"秸秆覆盖还田—免耕带旋条播开沟一体化""秸秆发酵种植双孢蘑菇技术""秸秆压制生物质燃料""秸秆粉碎制草纤维原料"为主的技术集成体系。

（3）开展法律宣传，营造良好氛围

加强普法宣传，营造浓厚氛围。全方位宣传《中华人民共和国大气污染防治法》《中华人民共和国固体废物污染环境防治法》等法律法规，连续多年开展"小手牵大手"系列活动，使秸秆"双禁"和综合利用理念深入人心。通过农民日报、浙江日报等媒体以及电台、电视、网络等新闻媒体平台开展广泛宣传，对各级、各部门开展的秸秆综合利用调研、观摩活动进行深入报道，进一步提高平湖市秸秆综合利用工作的影响力和带动力，为其他地区开展该项工作提供经验。2023年1月3日，平湖市"提高机械化服务水平　推进秸秆离田增值利用"案例列入农业农村部科技教育司推介第一批农作物秸秆综合利用典型案例，为浙江省唯一入选案例。

（三）主要成效

一是秸秆综合利用率稳步提高。自2015年平湖市全面开展秸秆"双禁"和综合利用工作以来，秸秆焚烧现象也从2015年省级通报50多起到0通报；秸秆综合利用率由2015年的90.15%提高到2023年的97.83%，秸秆离田率由20%提高到51.93%。

二是主体增收十分明显。平湖市完善的秸秆机械化收集体系为秸秆离田利用打下坚实的基础，秸秆离田增值应用已成为平湖市新亮点，平湖市2023年秸秆离田利用约8.44万t，其中基料化利用3.48万t，秸秆炭化利用0.4万t，秸秆原料化利用0.7万t，秸秆出售4.06万t。经调查分析，秸秆基料化利用为蘑菇种植户平均节本40元/t，秸秆炭化利用平均利润300元/t，秸秆原料化利用平均利润600元/t，秸秆机械化捆扎出售平均利润150元/t，通过秸秆离田利用实现年节本增收共1288.2万元。

三是社会化服务拓展提高。通过推进秸秆机械化收集工作，健全秸秆收集队伍，提高了秸秆收集社会化服务能力，同时，稳定了平湖市食用菌产业、生物质燃料产业、秸秆原料化利用、炭化利用产业发展。

四是空气质量明显改善。自2015年秸秆禁烧以来，平湖市空气质量优良率从78.6%提高到2023年的91.7%。按照每1万t秸秆焚烧产生氮氧化物10 t计算，年均可减排氮氧化物155 t左右。水稻食物系统在"从摇篮到销售"的各个阶段均会产生碳排放，其碳足迹主要来源包括化肥施用、机械耕作、灌溉、土壤管理及农作物的生长和收获等方面。平湖市项目区温室气体排放中，N_2O 的占比最低，仅为 7.24%，而该粳稻的温室气体排放结构主要以 CO_2 为主，其占比达到 60.52%（图 5-12）。

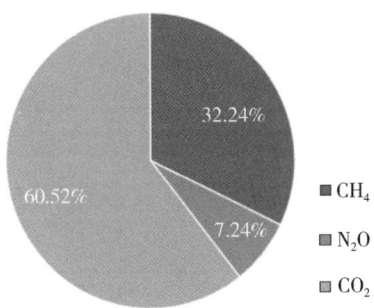

图 5-12 粳稻温室气体排放组成

粳稻单位产量碳足迹为 1 546 kg CO_2e/t，单位面积碳足迹为 7 755.8 kg CO_2e/hm^2。其中，稻田 CH_4 排放在碳足迹中占比最大，占总排放量的 32.24%。施肥环节占据第二位，其碳排放主要来源于氮肥的生产和使用，这一环节的碳排放量占到了 24.8%。烘干阶段的碳排放量占总排放量的 18.2%。尽管其他环节，包括产前准备、机械作业、仓储、加工、包装和运输等，各自的碳排放占比相对较小，但它们对整体碳足迹的贡献同样重要，不可忽视。2023 年全市水稻播种面积为 23.36 万亩，水稻碳足迹为 120 782.1 t CO_2e（表 5-1）。

表 5-1 粳稻单位面积碳足迹

阶段			单位面积碳足迹/ （kg CO_2e/hm^2）	碳足迹/t CO_2e	占比/%
种植阶段	产前准备	水田淹灌	331.0	5 154.8	4.3
		生产种子	124.2	1 934.2	1.6
		农药生产	66.3	1 032.5	0.9
	水管理		2 500.2	38 936.4	32.2
	施肥		1 925.0	29 978.7	24.8
	机械作业	泵	97.0	1 510.6	1.3
		农田操作	234.0	3 644.2	3.0

(续表)

阶段		单位面积碳足迹/(kg CO$_2$e/hm^2)	碳足迹/t CO$_2$e	占比/%
收获及收获后	收获	770.0	11 991.5	9.9
	烘干	1 407.8	21 924.1	18.2
	仓储	90.8	1 414.1	1.2
	加工	175.6	2 734.7	2.3
	包装	9.5	147.9	0.1
	运输	24.3	378.4	0.3
合计		7 755.8	120 782.1	—

五是秸秆综合利用增加碳汇。根据秸秆减排固碳核算方法，计算了平湖市秸秆综合利用碳减排潜力。秸秆通过肥料化、基料化、原料化、饲料化和炊事燃料利用产生的碳汇总量为 16 053.6 t CO$_2$e。通过秸秆的综合利用，总共减少了 16 053.6 t CO$_2$e 排放，通过秸秆低碳高质利用，能抵消 13.3% 的水稻种植碳排放，显示了平湖市秸秆综合利用在碳减排方面的显著潜力。其中，肥料化利用（直接还田）产生的碳汇潜力最大，为 9 524.4 t CO$_2$e，这种方式通过将秸秆直接还田，增加了土壤的有机质，有助于提高土壤肥力，同时减少了化肥的使用，从而降低了化肥生产过程中的温室气体排放。此外，秸秆还田还能促进土壤微生物活动，进一步增加碳的固定。其次是通过揉丝的原料化利用，秸秆被用于生态护坡、板材等，产生的碳汇为 4 687.2 t CO$_2$e。通过秸秆基料化作为食用菌的栽培基质产生的碳源为 177.5 t CO$_2$e。通过将秸秆转化为可再生的燃料，替代化石燃料，从而减少温室气体排放，产生了 2 017.8 t CO$_2$e 碳汇。最后，将秸秆作为动物饲料的减排量相对较小，为 1.7 t CO$_2$e（表5-2）。

表5-2 秸秆综合利用的碳排放与碳减排量　　　　单位：t CO$_2$e

利用方式	肥料化利用	基料化利用	原料化利用	饲料化利用	炊事燃料利用	合计
碳源/汇	-9 524.4	177.5	-4 687.2	-1.7	-2 017.8	-16 053.6

总体来看，平湖地区通过秸秆的综合利用，在减少温室气体排放方面具有显著的潜力。这些数据不仅展示了秸秆利用的多样性，也强调了在农业可持续发展和气候变化应对中，秸秆综合利用的重要性。通过推广这些利用方式，可以有效地减少温室气体排放，同时促进农业的可持续发展。

（四）案例总结

平湖市始终将秸秆禁烧禁抛和综合利用作为防治大气污染、推进环境整治、加快"美丽平湖"建设的重要抓手，围绕乡村振兴战略，以提高秸秆综合利用率为主线，以增强秸秆机械化处置能力为手段，体系化推进全市秸秆综合利用。2019年平湖市成功创建全国农作物秸秆全量化利用试点县。此外，平湖市"提高机械化服务水平 推进秸秆离田增值利用"案例2023年列入农业农村部科技教育司推介第一批农作物秸秆综合利用典型案例，为浙江省唯一；平湖市"水稻秸秆还田—小麦带旋条播开沟一体化技术"列入浙江省农作物秸秆综合利用十大主推技术；平湖市"秸秆机械化离田增值利用模式"列入浙江省农作物秸秆综合利用十项典型模式。2023年，中央媒体播报信息1篇，浙江日报播报新闻1篇，嘉兴媒体播报新闻4篇，平湖媒体8篇，举办现场观摩及培训2期，制作并发放宣传扇2 000把，引导公民全面参与秸秆禁烧禁抛工作，进一步提高平湖市秸秆综合利用工作的影响力和带动力，为其他地区开展该项工作提供经验。

三、MAP绿色低碳模式

（一）基本情况

2017年，围绕乡村振兴战略和农业农村现代化发展目标，中国某公司创新推出MAP模式。MAP模式核心理念是通过再生农业技术，为农民推广以"良种+良法"为核心的全程种植解决方案，从而为农业农村现代化、乡村产业振兴探索出一条绿色创新之路（图5-13）。

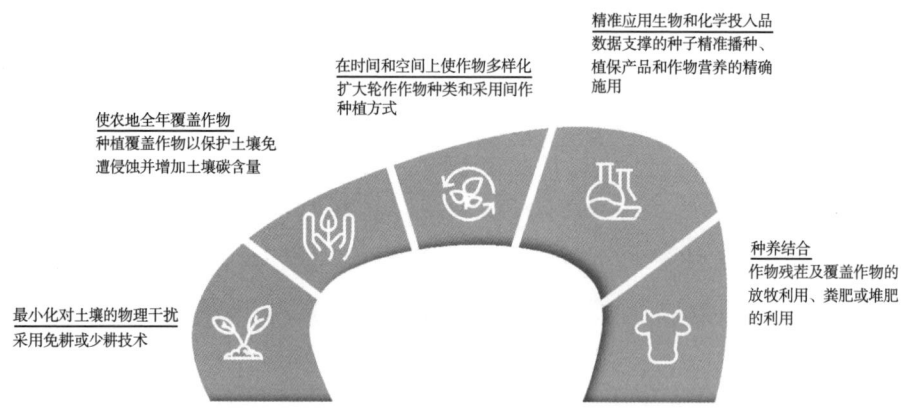

图 5-13 再生农业技术模式

再生农业是近年来国际农业创新的一种新趋势，遵循再生农业原则生产出的农产品能够在保证产量的同时显著减少生产过程中的温室气体排放。再生农业旨在从可持续农业方面建立合作关系，采取切实措施，推广可持续的农业操作，探索再生农业措施，减少农产品全生命周期温室气体排放，帮助农民建立可持续发展的思维方式。同时，再生农业也是一种结果导向的农业生产系统，是创新与传统的交汇。它可以恢复土壤健康、促进生物多样性、减少气候影响、保护水资源、提高农业生产力和农民盈利能力。

MAP 再生农场全产业链综合服务中心全程"低碳化"种植生产低碳农产品，通过秸秆全量还田、有机肥替代化肥、水肥一体化、氮肥后移、配方施肥、授粉行动等措施，在确保产量的基础上有效减少了作物生产过程中的温室气体排放，实现了增收减碳两不误，是探索低碳农产品生产的重要实践。

（二）主要做法

MAP 再生农场通过采取一系列绿色生产技术以实现作物生产的精细化管理、优化资源利用、减少能源消耗和温室气体排放，主要措施如下。

1. 优化种植结构

通过选择适合当地气候条件的优质作物品种,减少化肥、农药的使用量,提高产量和抗病性,降低农业投入品的碳足迹。

2. 多样性种植

选择合适的作物开展轮作、间套作,提高农田作物多样性;减少土壤病虫害的累积和营养元素的单一消耗,从而维持和提升土壤肥力,减少对化肥和农药的依赖,同时还能增强生态系统的稳定性和抗逆性,有助于提高农业生产的可持续性。

3. 秸秆还田和保护性耕作技术

玉米收获后秸秆全量粉碎还田,采用免耕播种机直接进行小麦的种肥同播。通过秸秆覆盖结合免耕播种,能将农田中的秸秆和根茬分离,形成地表秸秆微垄覆盖,有利于腐熟、培肥地力、改良土壤结构,也可减少土壤结构破坏、降低水分蒸发,起到蓄水保墒作用,提高种子发芽率,实现苗全、苗壮,较常规深翻、旋耕,亩穗数和产量均有提高。通过周年作物残茬覆盖、一次性完成开沟—施肥—播种—镇压作业,将土壤侵蚀和机械扰动降到最低,减少土壤扰动带来的温室气体排放,且减少翻耕可使农机动力燃油消耗降低20%,减少排放。

4. 有机肥替代

合理配施化肥、有机肥,可改善土壤结构、增加土壤肥力、促使作物增产,减少对化石燃料的依赖和有机废弃物对环境的污染。

5. 配方施肥及氮肥后移技术

每年作物收获结束,根据土壤检测结果和下一季作物的需肥规律,精确计算不同阶段所需的养分量,定制化生产专用肥料,避免化肥过量施用。将氮肥施用推迟到作物对氮需求较大的后期阶段,可以确保氮肥在作物需肥高峰期得到更有效的吸收,提升氮素利用率,避免氮素在作物早期被浪费,在降低成本投入的同时减少未被吸收的氮肥转化为温室气体或通过径流进入水体造成污染。

6. 精准灌溉与水肥一体化技术

通过喷灌、滴灌技术，实行少量多次灌溉施肥，可以提高水资源利用率，减少挥发、淋洗造成的肥料浪费，实现节水50%、节肥30%~50%，也可节省人工和灌溉能耗，提高亩产量，降低单位产量的碳排放。精准的水肥管理还有助于维持良好的土壤结构和有机质含量，增强土壤的碳固存能力，增加土壤中有机碳的储量。

7. 蜜源花卉种植

在某些再生农场作物田块边缘地带开垦总面积2%~3%的非功能地带，参照当地野生蜜源植物，选择具有一定经济价值、易于美化环境、管理简便的蜜源植物，如芝麻、紫云英、玄参、益母草、大蓟、党参等进行成片种植，并达到错落有致、综合开花期长的效果，有效利用闲田及田埂，在减少杂草的同时，可以增加蜜蜂等授粉昆虫的活动，改善生物多样性。

8. 高效的病虫害防治及植株调控系统

利用全球领先的高效药剂，通过种子包衣、"一喷三防"等植保操作，结合化学控旺，在保证病虫害防效的同时，降低倒伏风险，实现稳产增产。同时，也可减少因防治效果差带来的化学农药滥用。

9. 合理收获

采用低速匀速收割，防止负荷不均匀造成的割台、脱粒滚筒堵塞，使落籽率低于3%，减少农户损失；结合数字农业监测，适时早收，减少后期异常天气带来的额外损失。

10. 智慧农业

利用大数据、遥感和物联网技术优化作物的种植和管理，提高农业生产的精准度和效率，降低资源浪费和碳排放。

通过以上绿色低碳技术的综合应用，MAP再生农场降低了化学肥料、化学农药的用量,减少了氮氧化物等温室气体的直接排放。同时,也增加了土壤碳汇,提升了农田区域的生物多样性,结合作物耕作制度,能够保持较好的土地生产能力(图5-14至图5-16)。

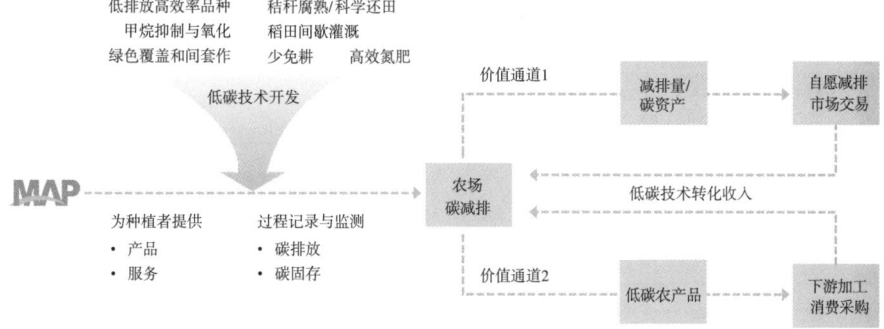

图5-14 MAP绿色低碳模式

图5-15 MAP小流量多频次自动化灌溉系统

图5-16 测土配方技术促生效果

(三)主要成效

依据国际通用的农业温室气体排放测算工具(cool farm tool,CFT),计算了MAP再生农场作物生产过程中的碳排放量,并与非MAP农场作物生产碳排放量进行比较。将低碳作物生产方案与传统生产方案的相关措施,如免耕、化肥施用、秸秆还田、生物多样性措施等输入CFT中,计算出单位产量作物的碳排放量和碳排放强度。核算边界从与作物种植有关的农资原料开采开始,至作物销售之前,共包括10项,即种子、秸秆管理、肥料排放、土壤排放、CH_4、农药、能源使用(田间)、能源使用(加工)、废水和农产品运输。以南方稻田为例进行说明。

稻田 CH_4、氮肥施用和农资投入品生产是作物种植生产过程碳排放的主要来源。MAP 积极推广稻田间歇灌溉、化肥减量、保护性耕作和秸秆还田等绿色减排增汇技术,有效降低 MAP 服务农田温室气体排放强度,水稻单位产量碳排放量 MAP 再生农场比传统农场减少 16.57%(表5-3)。

表5-3 水稻碳排放强度

单位:kg CO_2e/t

类型	氮肥	钾肥	磷肥	农药	N_2O	水稻 CH_4	油电	其他
MAP 农户	316.14	45.05	23.96	4.95	147.61	743.95	158.63	15.14
非 MAP 农户	342.28	57.61	31.03	6.78	159.81	830.63	154.28	18.19

(四)案例总结

MAP 深入理解农业绿色可持续发展方式,在土地与水资源高效利用、化肥农药减量增效、农业生产"三品一标"行动及农业绿色技术应用等方面主动探索、积极实践,实现了资源利用和种植效益提升、温室气体减排等成效。MAP 的农业低碳发展模式不仅能助力中国农业向低碳、可持续方向发展,还能为绿色食品供应链的完善提供实践经验。

未来,MAP 将继续依托全产业链服务优势,坚持以食物安全、资源安全和生态安全为基础,创新开发应用再生农业技术,通过农产品生产的全程服务,积极探索和实践 MAP 绿色低碳模式,在推动农业绿色发展的基础上,实现农场的低碳增效,为中国农业绿色高质量发展贡献力量。

四、奶牛养殖场低碳养殖实践

(一) 基本情况

奶业绿色低碳发展，重点是减污降碳，减少奶牛胃肠道 CH_4 排放和粪污处置过程中的 CH_4 和 N_2O 排放，节约能源减少 CO_2 排放，提高粪污循环利用效率，增加土壤固碳量，增强奶业碳汇功能。某公司选取旗下不同区域（华中、华东、华北地区）和不同养殖模式（封闭式牛舍、开放式牛舍）下的牧场，对不同举措在不同区域的实施情况和实施效果进行记录和评估，覆盖牛群约10万头，项目核算时间为2023年全年。该项目为典型养殖模式下奶牛养殖场碳减排提供了优秀范本。

(二) 主要做法

1. 种植与日粮环节减排

采取种养结合的奶牛养殖模式，推进饲草料种植和奶牛养殖配套衔接，就地就近保障饲草料供应。优化日粮组成，提升饲料品质，有效减少养殖环节的碳排放。高品质饲料原料有助于家畜将更多的日粮能量用于生产，提高生产净能占食入总能的比例，进而降低生产每单位牛奶产品的 CH_4 排放量。饲料品质，尤其是粗饲料品质，在降低 CH_4 排放方面至关重要。采用"饲草种植、奶牛养殖、粪污处理、沼气发电、粪肥还田"生产模式，实现资源循环利用，形成多种因地制宜的循环经济生产过程（图5-17）。

2. 粪便管理环节

规模化养殖场选择合理的粪便管理方式，不仅可以实现畜禽粪污的资源化利用，最大限度地减少环境污染，同时也可以有效减少温室气体排放。

本着"整体、协调、循环、再生"的原则，坚持采用源头减量、过程控制、末端利用、饲草回用的系统性思维，建设粪污资源

图 5-17　优质青贮饲料种植

化利用系统（图 5-18）。

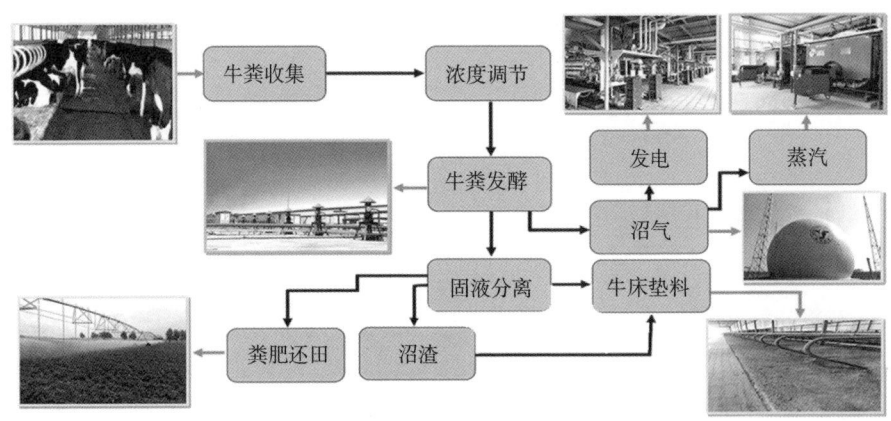

图 5-18　粪污资源化利用系统

一是源头减量。采用新工艺、新技术、新设备，从畜禽场粪污产生的源头入手，减少其产生和排放量，降低后续粪污处理利用压力。

牛粪减量：通过在保证动物生产性能的情况下，加强科学的饲料配制技术和生物技术，降低牧场牛粪的排放量。同时提高饲料转化效率，降低肠道发酵单元碳排强度，2022 年实现肠道发酵单元碳排强度降低 2.7%。

污水减量：为降低养殖用水量，减少污水产生，在马鞍山、商河、洪雅等牧场建设精准喷淋项目，实现节水节电，节水率平均在39%，明显降低牧场养殖区污水的排放量。2023年度试点牧场节约用电共计约25 000 MW·h。

二是过程控制。

粪污发酵系统：粪污发酵系统包括集粪池、前处理池、发酵池（罐）、设备管道。牛舍产生的粪污和牛尿等由刮粪机刮至牛舍边缘的粪沟中，由冲水支管冲至粪沟末端的集粪池中。集粪池中的粪污通过输送泵输送至前处理池。前处理池中的上清液泵入回冲水池，回冲水池中的回冲水泵将上清液回冲粪沟。前处理池中的沉淀物由潜污泵送入厌氧发酵池，发酵产生沼气。整个过程全部通过地下管道和自动刮粪系统实现，在节约人工的同时避免通过车辆进行刮粪、运输，减少化石能源使用，降低温室气体排放。

沼气生产及利用系统：厌氧发酵中产生的沼气经过净化或进入沼气发电机进行发电，沼气能转换为电能供场区使用，或进入沼气锅炉工段使用，为自身循环系统及其他用气点提供热量。2023年度通过沼气产热50万t，发电2 400万kW·h，替代外购化石能源。

后处理系统：后处理系统包括固液分离机、沼气柜、暂存池及沼液池。发酵剩余的产物汇集到出料池，由出料泵（潜污泵）输送给固液分离机进行固液分离。

三是末端利用。

沼渣利用：厌氧发酵后的粪肥经螺旋挤压产生的沼渣作为卧床垫料回用，年回用沼渣205万m^2，完全替代外购垫料，减少外购垫料运输所带来的温室气体排放。

沼液利用：截至2022年，共建设沼液输送管道915 km，施肥面积达到77万亩，通过管道输送替代车辆运输，降低沼液运输过程约50%的温室气体排放。

饲草回用：利用养殖场粪污处理产生的沼液种植生产出的饲草回用到饲养环节。相对于采购进口粗饲料，使用牧场与周边土地种养循环的方式可大幅度降低饲料运输过程中产生的温室气体排放。

3. 能源利用环节

随着新型能源体系建设不断发展，新型能源的试点引入与推广应用也逐渐落地于牧场实践中。示范牧场大力开展绿色能源利用和节能减排举措实施。回收生物质能用于发电、供热，替代化石能源，2023年实现生物质沼气发电1.5亿kW·h，实现减排14万t，替代40%的外购电能。开展牧光互补工程，在牛舍屋顶铺设光伏板，提高清洁能源占比，与国内大型新能源企业签订战略合作协议，计划铺设光伏板300万m^2，装机容量500 MW，建成后可年产绿电6亿kW·h；持续推广奶牛养殖场节能设备，包括将普通风机更换为感应式风机、采用永磁电机、节能照明、精准喷淋等，2023年度试点牧场节约用电共计约25 000 MW·h。

4. 废弃物处置环节

在下游废弃物处置单元，开展粪污资源化利用和化肥替代行动，因地制宜选取不同的粪肥还田方式，投资购置软管施肥器、喷灌等多种还田设施，实现100%粪污资源化利用，2023年施用生物质肥800万t以上，替代化肥6.6万t（图5-19）。

图5-19 下游化肥替代行动

（三）主要成效

低碳养殖实践兼顾了社会、环境、经济效益并大幅度降低了奶牛养殖过程中温室气体的产生、土壤污染及企业的运营成本，并增加了清洁能源的使用。

2023年，通过在种植与日粮环节开展的本地化饲料应用和日粮优化，持续降低了饲料运输端温室气体排放，通过提升饲料品质和优化日粮结构,实现消化率提升 1%,降低了肠道发酵和粪便管理环节的温室气体排放。示范牧场合计实现温室气体减排 2.97×10^4 t CO_2e。

在能源利用环节,通过生物质能回收利用和节能减排举措实施,实现温室气体减排 5.14×10^4 t CO_2e。

在下游废弃物处置环节,通过沼液、沼渣还田替代化肥的方式,实现平均每头泌乳牛每年减少温室气体排放 0.28 t CO_2e,同时通过产业链带动饲草种植产业,饲草种植面积超百万亩,辐射牧场外围 20 万余户,发放青贮饲料款项 23 亿元。

(四)案例总结

选取旗下不同区域和不同养殖模式下的牧场,对不同举措在不同区域的实施情况和实施效果进行记录和评估。通过对种植与日粮环节、粪便管理环节、能源利用环节和废弃物处置环节进行减排,兼顾了社会、环境、经济效益,大幅度降低了奶牛养殖过程中温室气体的产生,并降低了土壤污染和企业的运营成本,同时增加了清洁能源的使用。

五、秸秆生物炭转化炭基肥还田固碳模式

(一)基本情况

济源秸秆生物炭转化与还田固碳工程,位于河南省济源市,处于河南西北部、黄淮海平原农业区,秸秆利用以直接还田为主,年还田面积约 53.3 万亩,随着配套农机装备的不断升级和秸秆处理还田模式的持续完善,有效改善了土壤肥力,特别是秸秆生物炭还田对土壤有机质的提升效果显著,示范区域土壤有机质从 8~10 g/kg 提升至 16 g/kg,有效避免了秸秆直接还田不规范导致的海绵田的发生。采用生物质热解炭化技术,可促进农林废弃物资源化利用,炭化过程产生的生物质热解气用于工业、生活供热或燃烧发电;生物炭可施于土壤或制作炭基肥,有效改善土壤结构,

增加土壤微生物活性，吸附土壤重金属等，提高作物产量和品质，实现农业生产的固碳减排（图5-20）。

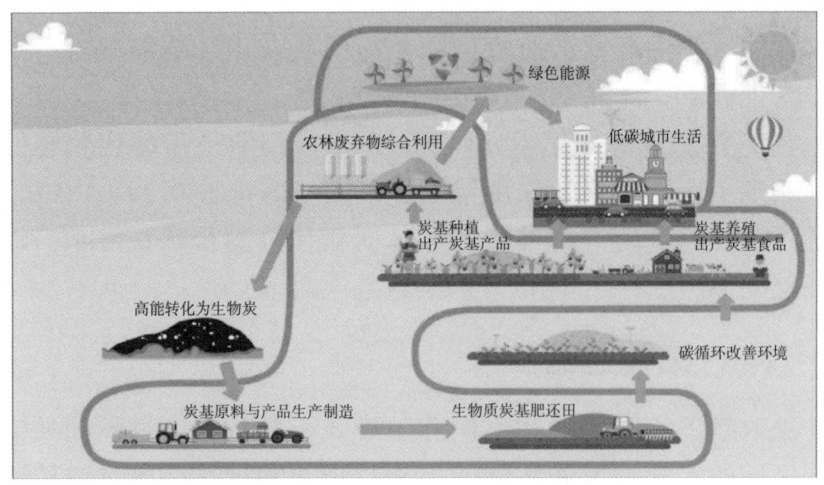

图5-20 秸秆生物炭转化与还田固碳模式

（二）主要做法

1. 秸秆生物炭转化

秸秆生物炭转化采用炭气联产技术（图5-21），产出的生物炭加工炭基肥，产出的热解气燃烧回用为秸秆炭气联产工程提供热源（图5-22），剩余的热解气燃烧后为工程及周边生产生活提供热量。济源秸秆炭气联产工程包含原料车间、炭化车间、生物炭存储车间、炭基肥产品车间等，炭化设备配置包括上料系统、连续热解系统、自动出炭系统、组合除尘系统、油气分离系统、热解气增压回用系统、热解油/气燃烧系统等以及智能监控系统，该项技术优点是生物炭和热解气等产品品质高，运转过程智能化、自动化程度高，具有较高的应用推广价值。原料处理量为2~3 t/h，年生产生物炭约5 000 t、热解气1 200万 m^3。工程技术流程如图5-21所示。生物炭销售价格约3 000元/t，利润约500元/t。

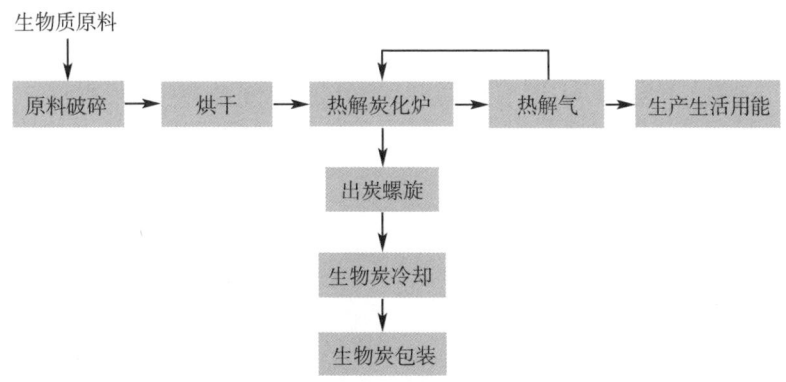

图 5-21　生物质炭气联产工艺流程

图 5-22　生物质炭气联产工程

2. 炭基有机肥生产

以济源梨林镇周边肉兔养殖场产生的粪便为原料（图 5-23），混合一定比例的秸秆，采用自主研发的液体菌剂进行发酵，液体菌剂含有生物活性剂和大量功能菌，经好氧发酵产生的有机肥腐殖质含量高，产品肥力强。以生物炭和有机肥料为基质，添加作物所需的氮、磷、钾养分精制生成炭基有机肥（图 5-24），年生产炭基有机肥 2 万 t，销售价格可达 2 000 元/t。生产工艺如图 5-25 所示。秸秆生物炭制备过程就是将原本秸秆腐解释放至大气中的碳固定在生物炭中，形成一种稳定且难以分解的碳形态，因此通过生物炭还田进行土壤固碳，形成的农田碳汇潜力巨大。同时，生物炭含有大量的羧基、羟基等亲水基团以及较大的比表面积，具有很强的吸附、持水和改善土壤团聚体的能力（图5-26）。研究表明，1 kg土壤添加20 g生物炭，可使田间土壤的保水能力提高15%。此外，生物炭的多孔结构增加了土壤的孔隙率，降低了土壤容重，进而提高了土壤水分饱和度。

图5-23　生物质热解原料和产物

图5-24　生物炭基有机肥

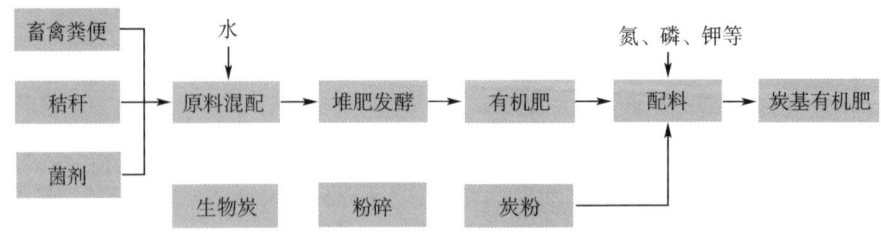

图5-25　炭基有机肥生产工艺

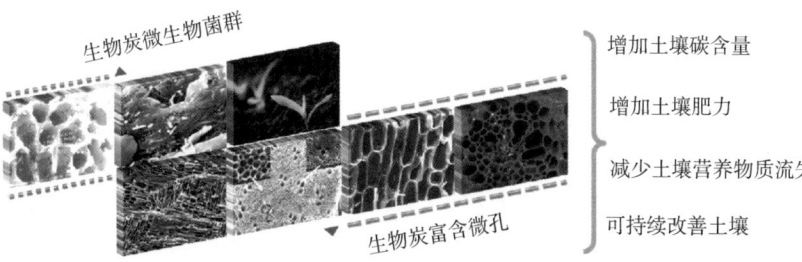

图 5-26 生物炭对土壤的改善作用

（三）主要成效

济源秸秆生物炭转化与还田固碳工程，年可处理秸秆 2 万 t，促进了区域秸秆等农业废弃物的资源化利用。工程年生物炭产量 5 000 t，年产热解气 1 200 万 m^3，采用生物炭年生产炭基有机肥约 2 万 t，年直接经济收入可达 4 000 万元。秸秆等农业废弃物利用为农户增收 400 万元，带动就业 40 余人，生物炭作为炭基有机肥替代化肥节本增效约 640 万元。同时，该项目推广后，能够带动热解炭气联产装备制造增收，以及带动就业增收 350 万元。通过核算，该项目直接和间接效益累计达到 5 390 万元。秸秆生物炭还田循环利用的减排固碳贡献约为 2.1×10^4 t CO_2e。

（四）案例总结

秸秆生物炭转化还田利用，对于减少秸秆废弃焚烧、改善大气环境具有明显促进作用。通过对秸秆生物炭循环利用，促进土壤有机质提升，增加农田碳汇储量，其减排固碳贡献约为 2.1×10^4 t CO_2e，带动生态循环低碳农业发展，为农业生产固碳提质提供技术支持和模式借鉴。

六、零碳村镇典型案例

（一）基本情况

贾家店农场位于辽宁省朝阳市朝阳县，总面积 65 km²。近年来，农场围绕"全国零碳示范村镇""国家级生态农场"的目标，全方位打造生态农场，依托东北地区丰富的秸秆等生物质资源优势，通过节能设备改造、清洁化采暖技术等措施，以秸秆打捆直燃锅炉取暖产业、太阳能和新型北方户用生物质能取暖模式，使用新能源燃料，全力推进农村清洁供暖工程，在降低原有设备、技术、建筑带来的环境污染、能量损失的基础上，全力推进农村清洁供暖工程，致力于实现乡村生产、生活、生态的净零碳转型，建设美丽宜居家园。2023 年，贾家店农场成功入选中国零碳村镇促进项目，成为全国九个示范区之一（图 5-27）。

图 5-27　贾家店村庄现状

（二）主要做法

1. 清洁能源替代

农户取暖用能采用秸秆打捆直燃锅炉集中供暖或生物质成型

燃料炉具分户采暖；炊事生活用能采用电、气等清洁能源，逐步淘汰烧煤、烧秸秆的传统取暖方式；街道两旁的路灯全部采用光伏发电供电。

（1）生物质成型燃料炉具分户取暖

依托丰富的秸秆等生物质资源，推广使用生物质颗粒燃料替代传统燃煤取暖，不仅燃烧效率高，而且能够减少大气污染物排放；推广使用智能生物质热风炉具（图5-28），可对炉体的火力、风力和温度等一键调节，极大地提高了取暖便利性和舒适度。

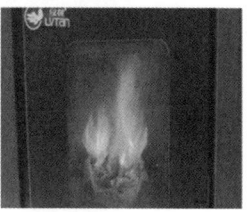

图5-28　户用生物质成型燃料及采暖炉

（2）秸秆打捆直燃高效供暖

贾家店农场从场部和某公司引进秸秆打捆直燃锅炉（图5-29），之后在朝阳县8个乡镇的11个单位安装了11台，由贾家店农场有限公司运行供暖业务，供暖面积超过9万 m^2，年消耗玉米秸秆3 000 t以上，代替燃煤减污降碳。

图5-29　秸秆打捆直燃锅炉

(3) 太阳能光伏发电

贾家店农场发展农村户用分散式光伏和集中式光伏（图5-30），建设了4处集中式光伏发电站，总装机容量500 kW，分散式光伏发电覆盖530户，农场光伏发电容量达1 578 kW。太阳能光伏发电不仅满足了农户家里的电灯、电饭锅、空调等家用电器的用电需求，剩余的电还能并入电网。

图5-30　贾家店村太阳能光伏发电

2. 建筑节能改造

以农村住宅围护结构节能改造为主要技术模式，结合多种能源技术互补，建设具有东北寒冷地区农村可再生能源资源特色的零碳村镇。通过建立智慧能源管理系统、实施农房建筑清洁化节能改造、提升公共设施清洁用能等方式，提高能源利用效率，减少碳排放。

3. 农业生产提质增效

建设完善田间水肥精准调控、农业环境、农作物病虫害、耕地质量、土壤墒情、农作物苗情等监测系统；通过实施数字化提升改造工程，大幅提升灌溉水和肥料利用效率，亩均减少化肥用量3~5 kg、节水100~140 m³；进行酒高粱、玉米和鲜食辣椒等特色作物种植试点等工作，流转土地1 000亩，发挥制种产业优势，带动农场经济发展，带动就业，促进农户增收致富。

4. 植树造林生态屏障增汇

连续3年实施植树造林、退化林改造、幼林抚育，配合人居环境综合整治项目，栽植景观树，增加绿色植被覆盖面积，提高森林碳汇能力。同时，农场对河流、沟渠等进行生态修复，种植水生植物，改善水质，提升生态环境质量。

5. 农文旅深度融合

贾家店农场以四分场花海景区为起点，形成生态旅游度假区3A级景区的乡村旅游产业骨架，包括北德立吉少数民族特色村寨、千亩花海等景点，展现原生态乡村气息和历史文化积淀，丰富旅游产品供给，结合农场的农业资源，发展生态、观光、休闲农业，实现农业与旅游的深度融合。

6. 污水垃圾综合处理利用

农场统筹运营带动污水集中处理模式，建设集中式污水处理站和分散式污水处理设施，采用先进的污水处理技术，确保污水经过处理后达到排放标准，并将其用于灌溉或排放到自然水体中。生活垃圾由政府购买服务，公司专业化运营，集垃圾清运、处理于一体，在四分场进行垃圾分类试点，提出五类垃圾分类法。

（三）主要成效

贾家店农场通过上述低碳发展技术措施，全场消耗化石能源煤炭1 500 t、液化石油气42 900 kg，绿色热能利用秸秆捆3 500 t、薪柴500 t、生物质成型燃料251 t，太阳能热水器1 200台，绿色电力利用光伏发电用于太阳能路灯2 200盏、农户用电330万kW·h。能源使用总量2 390 t标煤，其中可再生能源使用量1 252 t标煤。与2015年相比，可再生能源使用量从457 t标煤增加到1 252 t标煤，农场区域内的绿色低碳能源使用占比从7%提升到52.38%，减排CO_2 2 067 t，实现了农村能源的绿色低碳全面转型，此外，光伏绿电年上网约240万kW·h，成为该区域的零碳村镇示范，为村镇绿色能源供给提供典型样板。

（四）案例总结

近年来，该农场深入贯彻"绿水青山就是金山银山"的新发展理念，结合当地资源优势，发展可再生能源、推动清洁能源系统化应用，同时发展农场特色产品经济带、建立绿色生态屏障，使农业农村生态环境持续向好，被列入中国零碳村镇促进项目，成为全国9个零碳村镇示范区之一。该农场煤炭用量减少，煤烟灰尘减少，环境更加舒适，以开发农村清洁可再生能源为基础，结合乡村人居环境改善、植树造林生态屏障、农业生产提质增效、农文旅深度融合等措施，实现农村宜居宜业、清洁美丽，显著提升了农业农村减排固碳能力。

领衔作者：张晴雯

主要作者：王靖轩　刘赟青　霍丽丽

　　　　　许建军　燕　燕　黄雪良

　　　　　展晓莹　晁祎楠　贾吉秀

附件：国家和省市主要政策措施清单

发布时间	政策级别	领域	颁发机构	政策名称	政策目标	主要措施/任务
2023年12月	国家级	通用	中共中央、国务院	关于全面推进美丽中国建设的意见	全面推进美丽中国建设，推进全领域绿色低碳转型，碳排放总量和强度双控	加快发展方式绿色转型；持续深入推进污染防治攻坚；提升生态系统多样性稳定性持续性；守护美丽中国建设安全底线；打造美丽中国建设示范样板；开展美丽中国建设全民行动；健全美丽中国建设保障体系
2024年5月	国家级	通用	国务院	2024—2025年节能降碳行动方案	加大节能降碳工作推进力度，采取务实管用措施，尽最大努力完成"十四五"节能降碳约束性指标	化石能源消费减量替代行动；非化石能源消费提升行动；用能产品设备节能降碳行动
2024年7月	国家级	通用	国务院办公厅	加快构建碳排放双控制度体系工作方案	加快构建碳排放双控制度体系	完善碳排放相关规划制度；建立地方碳排放目标评价考核制度；探索重点行业领域碳排放预警管控机制；完善企业节能降碳管理制度；开展固定资产投资项目碳评价；加快建立产品碳足迹管理体系
2024年7月	国家级	通用	中共中央、国务院	关于加快经济社会发展全面绿色转型的意见	加快经济社会发展全面绿色转型	构建绿色低碳高质量发展空间格局；加快产业结构绿色低碳转型；稳妥推进能源绿色低碳转型；推进城乡建设绿色低碳发展绿转型；实施全面节约战略；推动消费模式绿色转型；发挥科技创新支撑作用；完善绿色转型政策体系；加强绿色转型国际合作

（续表）

发布时间	政策级别	领域	颁发机构	政策名称	政策目标	主要措施/任务
2021年12月	国家级	通用	国务院	"十四五"节能减排综合工作方案	到2025年，全国单位国内生产总值能源消耗比2020年下降13.5%，重点行业能源利用效率达到国际先进水平，主要污染物排放总量持续下降，污染物排放政策机制更加健全，经济社会发展全面绿色转型取得显著成效	优化完善能耗双控制度；健全污染物排放总量控制制度；坚决遏制高耗能高排放项目盲目发展；健全法规标准；完善经济政策；完善市场化机制；加强统计监测能力建设；壮大节能减排人才队伍
2024年3月	国家级	农机节能减排	国务院	推动大规模设备更新和消费品以旧换新行动方案	推动先进产能比重持续提升，推动高质量耐用消费品更多进入居民生活，促进消费，拉动投资，增加先进产能，提高生产效率，促进节能降碳，减少安全隐患	实施设备更新、消费品以旧换新、回收循环利用、标准提升四大行动
2021年9月	国家级	可再生能源替代	中共中央、国务院	关于完整准确全面贯彻新发展理念做好碳达峰碳中和工作的意见	到2025年，非化石能源消费比重达到20%左右；到2030年，非化石能源消费比重达到25%左右，风电、太阳能发电总装机容量达到12亿kW以上；到2060年，非化石能源消费比重达到80%以上	实施可再生能源替代行动，大力发展风能、太阳能、生物质能、海洋能、地热能等；不断提高非化石能源消费比重；合理利用生物质能
2023年10月	部委级	通用	国家发改委	国家碳达峰试点建设方案	加快提升我国重点行业产品碳足迹绿色低碳转型水平，促进相关行业绿色低碳转型，积极引导绿色低碳消费，助力实现碳达峰碳中和目标	确定试点任务；实施重点工程；强化科技创新；完善政策机制；开展全民行动
2023年11月	部委级	通用	国家发改委等	关于加快建立产品碳足迹管理体系的意见	加快建立产品碳足迹管理体系	制定产品碳足迹核算规则标准；加强碳足迹背景数据库建设；建立产品碳标识认证制度；丰富产品碳足迹应用场景；推动产品碳足迹国际衔接与互认

（续表）

发布时间	政策级别	领域	颁发机构	政策名称	政策目标	主要措施/任务
2024年7月	部委级	通用	国家发展改革委等	关于进一步强化碳达峰碳中和标准计量体系建设行动方案（2024—2025年）的通知	强化碳达峰碳中和标准计量体系建设行动	加快企业碳排放核算标准研制；加强产品碳足迹碳标识标准建设；加大项目碳减排标准供给；推动碳减排和碳清除技术标准攻关；扩大绿色产品评价标准供给；加强碳计量基础能力建设；加强"双碳"相关计量器研制和应用；加强计量对碳排放核算的支撑保障；开展共性关键碳计量技术研究；完善"双碳"重点领域碳计量技术研究；完善"双碳"相关计量技术规范建设
2023年2月	部委级	通用	农业农村部	关于落实中央党国务院2023年全面推进乡村振兴重点工作部署的实施意见	落实党中央国务院2023年全面推进乡村振兴重点工作部署	抓紧抓好粮食和重要农产品稳定安全供给；加强农业科技和装备支撑，奠定农业强国建设基础；持续巩固拓展脱贫攻坚成果，增强脱贫地区和脱贫群众内生发展动力；加强农业资源保护和环境治理，推进农业绿色全面发展；改善农村基础设施和公共服务，拓宽农民增收致富渠道；改善乡村基础设施和公共服务，建设宜居宜业和美乡村；积极稳妥深化农村改革，激发农业农村发展活力；强化保障，落实落细全面推进乡村振兴各项任务
2024年2月	部委级	通用	农业农村部	关于落实中共中央国务院关于学习运用"千村示范、万村整治"工程经验有力有效推进乡村全面振兴的意见	深入贯彻落实《中共中央、国务院关于学习运用"千村示范、万村整治"工程经验有力有效推进乡村全面振兴的意见》精神，扎实做好2024年"三农"工作	加强农业资源环境保护，推动农业发展绿色转型；推进化肥农药减量增效，推动农业废弃物资源化利用；大力发展生态循环农业，制定生态循环农业产业体系，推广绿色技术实施方案，加快构建生态循环农业产业体系，推进种养结合促进中循环，推进小循环，促进大循环

· 187 ·

（续表）

发布时间	政策级别	领域	颁发机构	政策名称	政策目标	主要措施/任务
2022年5月	部委级	通用	农业农村部、国家发展改革委	农业农村减排固碳实施方案	"十四五"期间，在增强适应气候变化能力，保障粮食安全基础上，坚持降低排放强度为主、控制排放总量为辅的方针，着力构建政策激励、市场引导和监管约束的多向引导机制，探索全社会协同推进农业农村减排固碳的实施路径。到2025年，农业农村减排固碳与粮食安全、乡村振兴、农业农村现代化统筹融合的格局基本形成，粮食和重要农产品供应保障更加有力，农业农村绿色低碳发展取得积极成效，农业生产结构和区域布局明显优化，种植业、养殖业、农田单位农产品排放强度稳中有降，农田土壤固碳能力增强，农业农村生活用能结构效率提升。到2030年，乡村振兴、农业农村现代化统筹推进的合力充分发挥，种植业温室气体反刍动物肠道发酵和畜禽粪污管理温室气体排放和农业农村生活用能温室气体排放进一步降低，农田土壤固碳能力显著提升，农业农村发展全面绿色转型取得显著成效	六项重点任务：种植业节能减排、畜牧业减排降碳、渔业减排增汇、农田固碳扩容、农机节能减排、可再生能源替代。六个重大行动：稻田CH_4减排行动、化肥减量增效行动、畜禽低碳减排行动、渔业减排增汇行动、农机绿色节能行动、农田碳汇提升行动、秸秆综合利用行动、可再生能源替代行动、科技创新支撑行动、监测体系建设行动

附件：国家和省市主要政策措施清单

（续表）

发布时间	政策级别	领域	颁发机构	政策名称	政策目标	主要措施/任务
2024年12月	部委级	通用	农业农村部	关于加快农业发展全面绿色转型促进乡村生态振兴的指导意见	深入贯彻落实习近平生态文明思想和习近平总书记关于"三农"工作的重要论述，提升农业生态价值，逐步建立绿色低碳循环的农业产业体系	以农业资源环境承载力为基准，以加强农业资源集约利用、投入品减量增效、废弃物资源化利用、产业绿色低碳转型为重点，强化科技集成创新，健全生态环境约束机制，健全生态产品价值实现机制，提升农业绿色发展水平，加快推进农村生态文明建设。加强耕地资源保护利用；促进农业用水节约高效；推进农业投入品减量化；加强畜禽肥料还田利用；加强农村生活有机废弃物综合利用；推进稻秆综合利用；推进重点流域绿色低碳循环；提升农业生态价值；提升农村生态保护修复；提升农业生态产业链
2023年11月	部委级	通用	生态环境部等	甲烷排放控制行动方案	"十四五"期间，种植业、养殖业单位农产品CH_4排放强度稳中有降；"十五五"期间，种植业、养殖业单位农产品甲烷排放强度进一步降低	有序推进稻田甲烷排放控制。以水稻主产区为重点，强化稻田水分管理，因地制宜推广稻田节水灌溉技术，缩短稻田厌氧时间，减少单位面积稻田产生和排放，改进稻田施肥管理，推广有机肥腐熟还田利用产生和排放，优质、节水水稻品种，示范好氧耕作等关键技术。
研究建立甲烷排放核算、形成高产低排放农村机制推进畜禽粪污资源化利用。以畜禽规模养殖场为重点，养殖业污染治理，推行粪污密闭处理，因地制宜建设利用或处理等技术，建立畜禽管理，提高畜禽粪污处理利用台账，实施畜禽粪污养分平衡核算，建立畜禽粪污集中处理资源化利用水平。因地制宜发展农村沼气、生物天然气工程，探索有条件地区建设规模化沼气/生物天然气集中供热、气热终端利用激励约束机制，推进沼气集中供气供热、发电上网以及生物天然气车用或并入燃气管网等应用

· 189 ·

（续表）

发布时间	政策级别	领域	颁发机构	政策名称	政策目标	主要措施/任务
2024年5月	部委级	通用	生态环境部等	关于建立碳足迹管理体系的实施方案	紧扣碳达峰碳中和目标任务，分阶段明确碳足迹管理体系的建设目标	2027年，体系初步建立，发布与国际接轨的碳标识认证与分级管理制度初步建立，因子数据库与碳标识认证制度逐步与国际接轨，100个产品；2030年，产品碳足迹核算通则，因子数据库与碳标识认证制度逐步与国际接轨，200个产品
2023年10月	部委级	通用	市场监管总局	关于统筹运用质量认证服务碳达峰碳中和工作的实施意见	运用质量认证服务碳达峰碳中和工作	加快建立直接涉碳类认证制度体系；统筹协调间接涉碳类认证制度体系；规范涉碳类认证规则备案；加大创新研发力度；开展认证试点示范；建立认证评估机制；推动认证结果采信；深化国际交流合作
2022年1月	部委级	渔业减排增汇	生态环境部、农业农村部	关于加强海水养殖生态环境监管的意见	标本兼治，综合施治，加强监管，推进海水养殖业绿色发展	严格环评管理和布局优化；实施养殖排污口排查整治；强化监测监管和执法检查；加强政策支持与组织实施
2022年5月	部委级	可再生能源替代	财政部	财政支持做好碳达峰碳中和工作的意见	政策工具不断丰富，财政支持绿色低碳发展的财税政策框架于2025年，有利于绿色低碳发展的财税政策体系基本形成，推动碳达峰目标实现，2060年前，财政支持绿色低碳发展政策成熟健全，助力碳中和目标顺利达成	支持光伏、风电、生物质能等可再生能源和废弃物资源利用，发展循环经济，推动绿色低碳生活和资源节约。同时，加强生态碳汇能力，提升林、草原、湿地、海洋等碳汇能力，推动大规模国土绿化行动
2023年3月	部委级	可再生能源替代	国家能源局	农村能源革命试点县建设方案	到2025年，试点县可再生能源在一次能源消费总量中占比超过60%，县域能源消费量占比超过30%，在改革能源消费领域中占比超过60%	推进可再生能源发电就地开发利用；加快推进可再生能源非电利用；探索建设新型农村电网络；探索分布式能源代替化石能源；深化农村能源领域"放管服"改革优化营商环境；探索建立农村能源发展共享机制

（续表）

发布时间	政策级别	领域	颁发机构	政策名称	政策目标	主要措施/任务
2024年3月	部委级	可再生能源替代	国家能源局	2024年能源工作指导意见	能源生产总量达49.8亿t标准煤左右。煤炭稳产增产，原油产量稳定在2亿t以上，发电装机达到31.7亿kW左右，"西电东送"能力持续提升。能源结构优化，非化石能源发电装机占比提高到55%左右，风电、太阳能发电量占比超17%。质量效率稳步提高，煤电"三改联动"持续转好、成效提高，推动北方清洁取暖持续转好、创新成果应用取得新进展	推进农村能源低碳转型。修订天然气利用政策，发布《能源绿色低碳转型典型案例集》，通过典型示范带动转型发展，推进农村能源革命试点县建设，以点带面全面加快农村能源清洁低碳转型
2024年7月	部委级	农机节能减排	国家发展改革委、财政部	关于加力支持大规模设备更新和消费品以旧换新的若干措施	加力支持大规模设备更新和消费品以旧换新	支持老旧营运船舶报废更新。加快高能耗高排放老旧船舶报废更新，推动新能源清洁能源船舶发展。提高农业机械报废更新补贴标准。各地区自行确定补贴标准不超过6个农机种类纳入补贴范围，并按现行规定测算确定补贴标准
2024年6月	部委级	农机节能减排	农业农村部、财政部	关于加力实施好农业机械报废更新补贴政策的通知	持续实施好农业机械报废更新补贴政策，加快农业机械结构调整，提升农机高端化、智能化、绿色化水平	进一步加大耗能高、污染重、安全性能低的老旧农机械淘汰力度，加快先进适用、安全可靠、节能环保的新型农业机械装备的推广应用，努力优化农机装备结构，推进农业机械化绿色发展
2024年4月	部委级	农机节能减排	农业农村部办公厅、财政部办公厅	2024—2026年农机购置与应用补贴实施意见	规范实施农机购置补贴政策，充分发挥政策效益，推动农业机械化全程全面高质量发展，有效支撑粮食和重要农产品稳定安全供给，加快农业现代化	在支持重点方面着力突出自主创新和安全可控。在补贴资金方面做到应保尽保。在补贴品目方面做到应补尽补。在风险防控方面着力有降。在实施创新方面支持先行先试。在补贴兑付方面着力提升服务效能

（续表）

发布时间	政策级别	领域	颁发机构	政策名称	政策目标	主要措施/任务
2024年3月	部委级	通用	农业农村部	关于加强新时代农业农村高技能人才工作更好支撑加快建设农业强国的意见	到2035年，农业农村高技能人才队伍的整体素质明显提升，结构持续优化	加强农业重点领域高技能人才队伍建设；健全农业农村高技能人才工作机制；强化保障措施
2022年5月	部委级	适应气候变化	生态环境部等	国家适应气候变化战略2035	开展技术示范与试点，初步构建相关技术体系认证标准；气候智慧型农业技术体系推广；监测预警能力持续先进水平，适应型社会基本建成	优化农业气候资源利用格局；加强农业灾害应对体系；增强农业生态系统气候韧性；构建适应气候变化的粮食安全体系
2022年2月	部委级	适应气候变化	中国气象局	全面推进乡村振兴气象服务能力提升工作方案（2022—2024年）	加快推进气象在农业农村领域的气象服务能力提升	强化农村气象防灾，提升监测预报预警和风险防范能力；完善合作机制，提升关键农时、重点用户服务；推进乡村振兴气象服务，研究提升农业应对中长期气候变化能力，加强农业适应气候变化技术研究，开展精细化农业气候资源区划
2024年8月	部委级	通用	自然资源部	关于保护和永续利用自然资源扎实推进美丽中国建设的意见	促进美丽中国建设	优化国土空间开发保护格局；推进自然资源节约集约利用；构建从山顶到海洋的保护治理大格局；健全自然资源治理制度体系；加强自然组织保障
2024年9月	部委级	通用	生态环境部	关于以高水平保护推进中部地区加快崛起的实施意见	同推进生态环境保护和绿色发展，高水平建设美丽中部，促进中部地区在更高起点上加快崛起	加快推动绿色低碳转型发展；持续深化大污染治理；加强生态环境保护和修复；加大土壤和农业农村污染治理力度；加强固体废物和危险废物治理，维护生态环境安全；强化区域生态环境保护支撑保障

附件：国家和省市主要政策措施清单

（续表）

发布时间	政策级别	领域	颁发机构	政策名称	政策目标	主要措施/任务
2024年3月	部委级	通用	市场监管总局	贯彻实施《国家标准化发展纲要》行动计划（2024—2025年）	有序推进全域标准化深度发展，着力提升标准化发展水平，稳步扩大标准制度型开放，不断夯实标准化发展基础	健全碳达峰碳中和标准体系，健全农业农村减排固碳标准体系，制定水土保持碳汇核算标准；推动生产方式绿色低碳转型，建立健全农业绿色发展标准，农业节水标准制修订，加强秸秆、畜禽粪污、农药包装废弃物农业废弃物循环利用标准研制；加强绿色投入品、农产品质量安全标准基础，农药农村振兴标准化行动，夯实保障粮食安全标准基础，实施乡村振兴标准化行动，夯实保障粮食安全标准基础，建立健全农业农村振兴、高标准农田建设、耕地质量保护、农作物病虫害监测防控、农田水管护、农资质量和基础设施标准；优化农产品质量安全标准，加强智慧农业、设施农业、农产品全过程质量整制，农产品质量分级标准制修订，健全现代农业全产业链标准体系，农产品减损标准制修订，主要粮油作物品种更新及农产品品牌标准评价，农产品质量及乡村旅游业，农村数字乡村、乡村民宿和乡村旅游业，农村供水工程建设和管理、村级综合服务设施和无障碍设施标准制定
2022年10月	部委级	通用	科技部	黄河流域生态保护和高质量发展科技创新实施方案	发挥科技创新对农业农村领域应对气候变化的支撑与引领作用	研究旱作农业和生态牧业新模式；研究高寒草原和温带草原生态修复；开展高效农业和支撑带草本和绿色农产品提质增效技术，研发区域绿色低碳农业发展模式
2024年3月	省级	通用	上海市人民政府办公厅	上海市加快建立产品碳足迹管理体系打造绿色低碳供应链行动方案	深入贯彻落实国家和本市关于碳达峰碳中和工作的部署要求，进一步提升重点产品碳足迹管理水平，打造绿色低碳供应链，助力实现碳达峰碳中和目标	高水平建设丰富多维度应用场景全方位推动供应链重点环节绿色低碳转型
2024年1月	省级	通用	上海市农业农村委等	长三角生态绿色一体化发展示范区农业碳汇交易综合服务平台试点工作方案	深入推进长三角乡村振兴一体化发展	建立碳汇定期核算机制开展碳汇试项目研究开展碳汇试点推进搭建碳汇综合服务平台鼓励碳汇交易

（续表）

发布时间	政策级别	领域	颁发机构	政策名称	政策目标	主要措施/任务
2024年6月	省级	通用	上海市市场监督管理局等	关于加快推进本市产品碳标识认证服务绿色低碳供应链建设的实施方案	到2025年，本市产品碳标识体系初步构建，推动形成30个产品碳标识认证试点及应用示范，评选一批长三角一体化应用的典型案例，培育一批绿色低碳检测认证服务机构，完成100个与国际接轨的产品碳标识认证配套技术文件，推动形成200个产品碳标识认证采信应用场景。到2030年，产品碳标识认证工作及保障体系进一步健全完善	加快建立碳标识认证工作体系及保障体系，加快构建碳标识认证监管体系，逐步健全碳标识认证采信应用体系
2023年7月	省级	畜牧业减排降碳、农田和草地固碳扩容	北京市农业农村局、北京市发展改革委	北京市农业农村减排固碳实施方案	到2025年，养殖业单位农产品排放强度稳中有降，畜禽粪污综合利用率达到95%以上；农业绿色发展技术体系逐步建立，支持保障体系逐步完善，农业固碳能力持续增强。到2030年，农业绿色发展基本建立，节能高效、绿色低碳发展模式基本建立，农业碳固碳能力显著提升，农业农村基本实现绿色转型，示范引领作用进一步增强	养殖业减排降碳。推进畜种改良，实施养殖饲料调控减排，提高同料报酬。推进畜禽污资源化利用，促进种养循环农业发展。推进兽药减量排行动，建立养殖业减排监测点。养殖低碳减排技术。采用全混合日粮饲料，采用玉米青贮日粮精粗比，能量饲料和蛋白质利用，抑制瘤胃发酵，适当添加甲烷抑制剂，能量畜禽品种、污水收集集中、低排畜禽粪。推进畜禽污堆肥发酵等技术，健全储运体系、储粪、覆膜堆肥发酵等技术。发展种养循环发展模式、农田利用周边养殖粪肥承载力和养殖废弃物消纳基地，形成种养结合、农牧结合的现代生态高效的循环农业模式。加强高标准农田建设，促进农田集中，大力推广秸秆还田、有机肥施用等措施，建立生态高效的农业耕作制度，提升农田土壤有机质含量

附件：国家和省市主要政策措施清单

（续表）

发布时间	政策级别	领域	颁发机构	政策名称	政策目标	主要措施/任务
2023年6月	省级	畜牧业、渔业减排降碳	山西省农业农村厅、山西省发展改革委	山西省农业农村减排固碳实施方案	到2025年，养殖业单位农产品温气体排放强度稳中有降，畜禽粪污综合利用率达到80%；推进渔业减排增汇	以发展绿色低碳畜牧业为引领，优化畜牧业发展结构布局，挖掘低排放发展新格局，推广精准饲喂技术，提高畜禽粪污处理水平，改进种养结合，持续推广粪污处理设施装备，农牧循环的可再生密闭处理。畜禽粪污综合利用率达到80%，推广粪污综合利用集成技术。推行绿色节能行动、农机装备与渔业相关措施。农机绿色节能行动、渔业减排增汇行动、可再生能源替代行动，科技创新支撑行动、监测体系建设行动
2024年1月	省级	畜牧业减排降碳	辽宁省生态环境厅等	辽宁省农业农村领域减排固碳实施方案	到2025年，养殖业单位农产品排放强度稳中有降，畜禽粪污综合利用率达到80%以上	整县推进畜禽粪污资源化利用，推进种养结合，畅通畜禽粪肥还田渠道。改进畜禽饲养管理，加强畜禽粪污处理和资源化利用，推广畜禽粪便管理温室气体减排技术
2023年7月	省级	畜牧业减排降碳、农田和草地固碳扩容	吉林省农业农村厅等	吉林省农业农村领域减排固碳实施方案	到2025年，养殖业单位农产品排放强度稳中有降，畜禽粪污综合利用率达到85%以上；到2025年，农业农村现代化筹融合的格局明显基本形成，农田振兴、乡村碳汇能力持续巩固增强，绿色低碳发展模式日益成熟，农业农村绿色转型升级能力显著增强	实施畜禽规模养殖场粪污处理设施分类管理，鼓励改进密闭处理，采取粪污综合利用等技术。禽养殖和粪污处理设施装备，实施粪肥利用等技术、畜禽养殖废弃物综合利用水平，降低粪甲烷处理、提升畜禽养殖废弃物综合利用水平，降低氧化亚氮排放；实施黑土地保护工程，坚持打好"黑土粮仓"科技会战，大力推广"保护性耕作"梨树模式"，中部黑土保肥、西部推广东部固土保肥，培肥固碳模式，提升土壤有机质含量
2022年9月	省级	畜牧业减排降碳	福建省农业农村厅等	福建省农业农村固碳实施方案	到2025年，养殖业单位农产品气体排放强度稳中有降，畜禽粪污资源化综合利用率提高到93%	深入推进规模养殖场污染治理，推广畜禽粪污资源化利用，整县推进畜禽粪污处理环等实用技术，因地制宜促进粪污无害化处理、资源化利用

· 195 ·

（续表）

发布时间	政策级别	领域	颁发机构	政策名称	政策目标	主要措施/任务
2022年9月	省级	畜牧业减排降碳、农田和草地固碳扩容	江西省农业农村厅、江西省人民政府	江西省农业农村减排固碳实施方案	到2025年，养殖业单位农产品排放强度稳中有降，畜禽粪污综合利用率达到80%以上。到2025年，全省农业、乡村振兴，农业农村现代化统筹融合的格局基本形成，粮食安全，全省农田土壤固碳能力增强；到2030年，全面乡村振兴，农业农村减排固碳与粮食安全统筹推进的合力充分发挥，农业农田土壤固碳能力显著提升，农业农村发展全面低碳转型取得显著成效	推进畜禽粪污资源化利用。推进标准化规模养殖，强度稳中有降、高床漏缝、自动清粪、生物发酵床等新工艺、新技术。推行固体粪污膜堆肥、反应器堆肥、液体粪污厌氧发酵等措施，提高畜禽粪肥处理利用水平。发挥发酵循环农业，促进畜禽粪污就近就地还田利用。发挥农田土壤固碳增汇潜力，采取有效的培肥固碳模式，加快构建地养地结合的农田管理措施，提升土壤有机质含量，增强农田固碳能力
2022年9月	省级	畜牧业减排降碳	湖南省生态环境厅、湖南省发展改革委	湖南省农业农村减排固碳实施方案	到2025年，养殖业单位农产品温气体排放强度稳中有降，畜禽粪污综合利用率达到80%	建立畜禽粪等的收储运体系，鼓励支持各市县适度发展"五化"利用，建立农业废弃物农业投入品等资源供需信息平台和技术支撑服务体系
2024年8月	省级	畜牧业减排降碳	广东省生态环境厅等	广东省甲烷排放控制工作方案	到2025年，养殖业单位农产品甲烷排放强度稳中有降。到2030年，甲烷排放强度持续稳步下降	逐步建立和完善甲烷排放控制政策、技术和标准体系，提升甲烷排放控制能力，监测监管基础能力。提高甲烷资源化利用和排放控制能力，积极推进甲烷管理水平，全省废弃物处理利用和资源化方向持续推进

· 196 ·

附件：国家和省市主要政策措施清单

（续表）

发布时间	政策级别	领域	颁发机构	政策名称	政策目标	主要措施/任务
2023年3月	省级	畜牧业减排降碳、农田和草地固碳扩容	广西壮族自治区农业农村厅等	广西农业农村减排固碳实施方案	到2025年，农业农村减排固碳统筹融合能力增强，农业农村现代化与粮食安全、乡村振兴、农业农村现代化的格局基本形成，农田土壤固碳能力充分发挥；到2030年，农业农村减排固碳与粮食安全、乡村振兴、农业农村现代化的合力、推进的合力显著提升，农业农村发展绿色转型取得显著成效	推广精准饲喂技术，改进畜禽饲养管理，合理使用同料添加剂，降低单位畜产品肠道甲烷排放强度。提升畜禽粪污资源化利用水平，构建宜种宜管理的甲烷化亚氮排放；推广增施有机肥，秸秆科学还田，有机无机肥配施等技术，构建科学合理的培肥固碳模式，充实有机质含量；实施保护性耕作，集成推广应用土壤调理剂、绿肥种植、深耕深松轮作休耕保护性措施，因地制宜推广秸秆覆盖还田，增加土壤有机质；免少耕播种技术，有效减轻土壤风蚀水蚀，增加土壤有机质；推进退化耕地治理，重点加强土壤酸化治理，消除土壤障碍因素，提升土壤耕地质量等级，发挥土壤固碳潜力
2022年11月	省级	畜牧业减排降碳	重庆市农业农村委等	重庆市农业农村减排固碳实施方案（征求意见稿）	到2025年，养殖业单位畜产品排放强度稳中有降，畜禽粪污综合利用率达到80%以上	推动畜禽规模养殖场粪污处理设施装备提档升级，规范畜禽养殖户粪污处理设施装备配套，持续实施绿色种养循环试点项目，构建种养结合科学路径，因地制宜探索畜禽粪污资源化利用模式
2023年7月	省级	畜牧业减排降碳	四川省农业农村厅、四川省发展改革委	四川省农业农村减排固碳实施方案	到2025年，畜禽粪污资源化综合利用率达80%；到2030年，畜禽粪污综合利用率达85%	加快构建现代养殖体系，推进品种改良，推广精准饲喂技术，提高畜禽单产水平和饲料报酬，降低反刍动物甲烷排放，提升畜禽废弃物管理，推行畜禽粪污综合利用的低碳化技术
2023年2月	省级	畜牧业减排降碳	云南省生态环境厅等	云南省农业农村减排固碳实施方案	到2025年，养殖业单位畜产品排放强度稳中有降，畜禽粪污综合利用率达到80%以上	改进畜禽饲养管理，加强畜禽温室气体减排技术。推动畜禽粪便管理温室气体减排技术。推广畜禽养殖场粪污处理资源化利用，规范畜禽养殖户粪污处理设施装备配套，持续实施绿色种养循环试点项目，构建种养结合科学路径，因地制宜探索畜禽粪污资源化利用模式

（续表）

发布时间	政策级别	领域	颁发机构	政策名称	政策目标	主要措施/任务
2023年2月	省级	农田和草地固碳扩容、畜牧业减排降碳	新疆维吾尔自治区农业农村厅、新疆维吾尔自治区发展改革委	自治区农业农村减排固碳实施方案（2022—2030年）	到2025年，农业农村减排固碳与稳定粮食生产、乡村振兴统筹融合的格局基本形成，农田土壤固碳能力排放强度降低；到2030年，农业农村减排固碳与粮食安全、乡村振兴、农业农村现代化统筹推进的合力充分发挥，农业农村在本市重点领域和成熟行业率先开展产品碳足迹、碳中和等标识认证试点及推广，进一步促进产业链供应链绿色低碳转型发展，有力支撑本市实现碳达峰碳中和目标，农田土壤固碳能力显著提升，农业农村发展全面绿色转型取得显著成效	推动畜牧业绿色低碳发展，以畜禽规模养殖场为重点，推广高产低排放畜禽良种和全株青贮、酶制剂等技术，改善白日粮精饲喂，实施畜禽肠道甲烷低排放管理。单位畜产品肠道甲烷排放强度；推动农田保护性耕作，秸秆还田，有机肥施用，加快退化耕地治理，绿肥种植等措施；加强高标准农田建设，提升农田土壤有机质含量
2024年7月	省级	畜牧业减排降碳	山西省农业农村厅等	推进甲烷排放控制行动实施方案	到2025年，养殖业单位畜产品排放强度稳中有降，畜禽粪污综合利用率达到80%	科学控制肠道发酵甲烷排放，培育壮大高产低排放良种和繁育群体，推广全畜禽规模养殖场为重点，推广全畜养殖混合饲喂，调控日粮结构，优化饲料品种，改善青粗饲料品质，创建20个以上国家级畜禽养殖标准化示范场，实现设施装备现代化，饲料管理精细化
2024年7月	省级	畜牧业减排降碳	湖北省生态环境厅等	湖北省甲烷排放控制行动方案	到2025年，养殖业单位畜产品排放强度稳中有降，畜禽粪污综合利用率达到80%	积极推进畜禽粪污资源化利用工程，依托国家重点流域农业面源污染治理、畜禽粪污资源化利用整县推进等项目，按照源头减量、过程控制、末端利用原则，开展清洁生产，改进饲养装备，采取产沼气、沼肥等方式，推动畜禽养殖废弃物资源化利用，减少粪污氨化和恶臭产生，控制甲烷排放

附件：国家和省市主要政策措施清单

（续表）

发布时间	政策级别	领域	颁发机构	政策名称	政策目标	主要措施/任务
2024年10月	省级	畜牧业减排降碳	贵州省农业农村厅等	贵州省甲烷排放控制实施方案	到2025年，养殖业单位甲烷排放强度稳中有降，畜禽粪污综合利用率达到80%以上	改进畜禽饲养管理，提高饲料转化效率，减少肠道发酵和粪便管理过程中的甲烷和氢氧化物排放
2022年6月	省级	农田和草地固碳扩容	广东省人民政府	广东省碳达峰实施方案	大力发展绿色低碳循环农业，加快农业农村用能方式转变，提升农业生产效率和能效水平，提高农业减排固碳能力	加强农作物秸秆和畜禽粪污资源化、能源化利用，提升农业废弃物综合利用水平；开展农地质量提升行动，通过农业技术改进、种植模式调整等措施，提升土壤有机碳储量；研发应用增汇型农业技术，探索推广二氧化碳气肥等固碳技术
2022年9月	省级	农田和草地固碳扩容	安徽省人民政府	安徽省碳达峰实施方案	以实施"两强一增"行动计划为引领，深化农业绿色转型，优化农村用能结构，提升农业农村减排固碳能力	实施保护性耕作，因地制宜推广秸秆还田和少（免）耕等保护性耕作措施；合理控制化肥使用量，提升土壤有机质含量；实施农作物秸秆综合利用和畜禽养殖废弃物资源化利用提升行动
2023年2月	省级	农田和草地固碳扩容	内蒙古自治区人民政府办公厅	关于进一步做好社会资本参与生态保护修复工作的实施意见	全面构建社会资本参与生态保护修复体制机制，动员全社会力量参与生态保护修复工作，筑牢我国北方重要生态安全屏障	明确社会资本参与生态保护修复工作的重点领域，完善社会资本参与生态保护修复工作管理机制；推动社会资本参与生态保护修复工作相关政策支持政策落地见效等
2023年5月	省级	农田和草地固碳扩容	宁夏回族自治区人民政府、国家林业和草原局	宁夏回族自治区科学绿化试点示范区建设实施方案	加快推进科学绿化试点示范区建设	全面加强林草资源保护；创新管理和政策；加大科技支撑力度

（续表）

发布时间	政策级别	领域	颁发机构	政策名称	政策目标	主要措施/任务
2024年8月	省级	农田和草地固碳扩容	内蒙古自治区党委、内蒙古自治区人民政府	关于全面推进美丽内蒙古建设的实施意见	加快推进美丽内蒙古建设，实现人与自然和谐共生的现代化	持续巩固自然生态屏障；加快推进发展方式绿色低碳转型；积极稳妥推进碳达峰碳中和等
2024年8月	省级	农田和草地固碳扩容	四川省林业和草原局、四川省生态环境厅	四川省林草碳普惠管理办法（试行）	积极稳妥推进碳达峰碳中和，促进生态产品价值实现	碳普惠方法学；碳普惠项目管理；第四章 减排量交易和消纳
2024年5月	省级	农机节能减排	四川省人民政府	四川省推动大规模设备更新和消费品以旧换新实施方案	贯彻落实党中央、国务院关于推动大规模设备更新和消费品以旧换新决策部署，提高全省经济循环质量和水平	支持老旧农业机械升级。持续推进农机购置应用和农机报废更新，加快淘汰老旧及高耗能农业机械，推广大中型、智能化、复合式农业机械，优化农机装备结构，引导使用先进适用的农业机械。以"五良"（良田、良种、良法、良机）融合为牵引，推动丘陵山区突破转型升级，支持绿色智慧粮仓建设，推广粮食"四散化"（散运、散装、散卸）接发、低温储粮、信息化设施设备，提升仓储管理智能化水平。推进粮食产后服务体系设备更新升级，推动粮食收储循环保收高效作业
2024年9月	省级	农机节能减排	四川省农业农村厅等	四川省农业机械报废更新补贴实施方案	持续实施好农业机械报废更新政策，加快农业机械结构调整，提升农业机械适宜化、智能化、绿色化水平	加大能耗高、污染重、安全性能低的老旧农业机械淘汰力度，加快先进适用、安全可靠农业机械的推广应用，形成"去旧更容易、换新更愿意"的有效机制，努力优化农机装备结构，推进农业机械化转型升级和农业绿色发展

（续表）

发布时间	政策级别	领域	颁发机构	政策名称	政策目标	主要措施/任务
2024年9月	省级	农机节能减排	天津市人民政府	天津市加力支持消费品以旧换新工作实施方案	促进农机安全生产和节能减排，推进天津市农业机械化转型升级和农业绿色发展。到2024年底，引导报废更新农业机械500台（套）左右	支持农业机械报废更新
2023年12月	省级	适应气候变化	天津市生态环境局等	天津市适应气候变化行动方案	实现农业农村领域监测预警和防灾减灾体系完善	加强农村基础设施气候风险管理，优化农业气候资源利用
2023年12月	省级	适应气候变化	山西省人民政府办公厅	山西省适应气候变化行动方案（2023—2035年）	提高山西省农业农村领域适应气候变化的能力	优化农业气候资源利用，增强农业气候韧性，推动基础设施风险管理体系建设
2023年8月	市县级	农田和草地固碳扩容	包头市人民政府办公室	包头全国林业碳汇试点市建设工作实施方案（2023—2025年）	高质量推进全国林业碳汇试点市建设	巩固提升林草碳汇能力；完善林草碳汇计量监测体系；开展碳汇交易和碳汇补偿等
2024年8月	市县级	适应气候变化	杭州市人民政府	杭州市气候资源保护利用办法	提高杭州市农业农村领域适应气候变化的能力	优化农业布局，推进气候标品牌创建
2023年1月	市县级	通用	昆明市人民政府	昆明市"十四五"节能减排综合工作实施方案	2025年底前，全市单位地区生产总值能耗较2020年下降14%，能源消费总量得到合理控制；节能减排政策机制更加健全，重点行业能源利用效率和主要污染物排放控制水平稳步提升，完成"十四五"节能减排约束性指标	实施节能减排重点工程；健全节能减排政策机制

（续表）

发布时间	政策级别	领域	颁发机构	政策名称	政策目标	主要措施/任务
2023年3月	市县级	通用	楚雄州人民政府	楚雄州"十四五"节能减排综合工作方案	2025年底前，全州单位地区生产总值能耗较2020年下降14%以上，能源消费总量得到合理控制，节能减排政策机制更加健全，重点行业能源利用效率和主要污染物排放控制水平稳步提升，完成"十四五"节能减排约束性指标	实施节能减排重点工程；健全节能减排政策机制
2023年10月	市县级	通用	西双版纳州人民政府办公室	西双版纳州绿色能源发展"十四五"规划	推广绿色生产生活方式，能源资源利用效率大幅提高，完善能源基础设施和安全保障机制	优化结构，多能互补；绿色优先，节能减排；提高绿色消费效能；深化改革，完善机制；推动产业转型升级；加强合作，共赢发展；建设国际能源枢纽；加强监管，健全体系；保障能源安全生产
2024年1月	市县级	农田和草地固碳扩容	宾阳县农业农村局、宾阳县发展和改革局	宾阳县农业农村减排固碳实施方案	贯彻落实党中央、国务院部署，做好农业农村减排固碳工作	种植业节能减排；畜牧业节能降碳；农田固碳扩容
2024年4月	市县级	农田和草地固碳扩容	鄂尔多斯市人民政府	国家碳达峰试点（鄂尔多斯）实施方案	全面深入贯彻国家关于碳达峰试点的战略部署，探索能源资源型城市高质量发展碳达峰新路子	构建农牧业增效降碳新模式（农牧区绿色低碳应用能、农牧业绿色低碳转型升级体系）；构建环保农资管理新模式（构建碳资产管理和交易系统）；生态保障
2024年6月	市县级	通用	上海市闵行区人民政府办公室	闵行区2024年碳达峰中和及节能减排重点工作安排	牢固树立和践行绿水青山就是金山银山的理念，协同推进降碳、减污、扩绿、增长，深入推进生态文明建设和绿色低碳发展	推进碳达峰碳中和节能综合管理；尽快推进能源绿色低碳转型；持续推动节能效能增效，充分发挥科技创新核心支撑作用；积极倡导绿色低碳全民参与；推进绿色低碳城区建设；强化主要污染物减排；实施减污降碳重点工程；健全节能减排政策和交易机制；强化责任落实和监督执法

· 202 ·

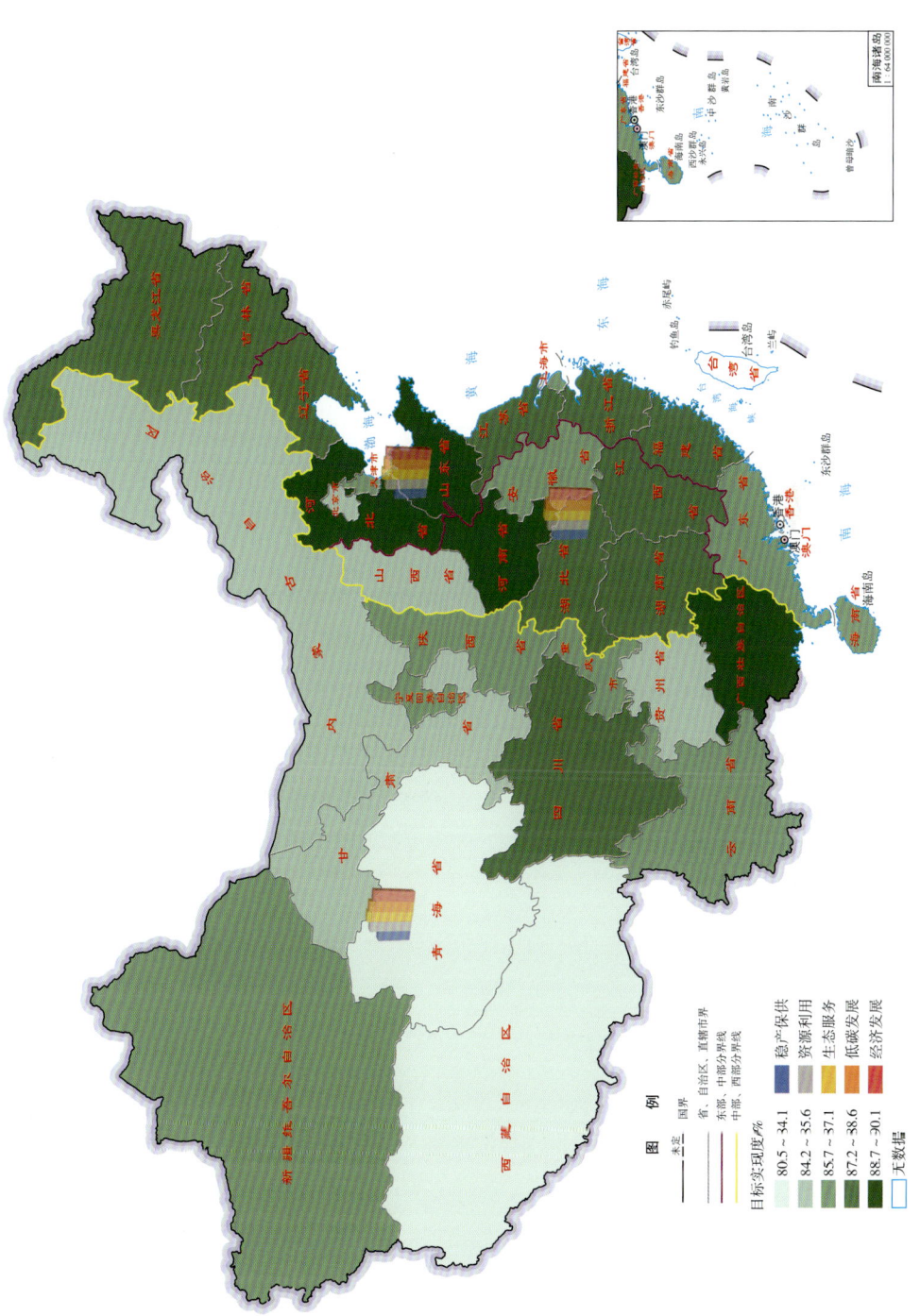

图 1-9 2016—2022 年生态低碳农业发展水平目标实现度空间分布